乡村振兴

农民培训精品系列教材

U0884360

农村致富带头人培训手册

张文平　刘　峰　郝成林　曹睿亮　保善平◎主编

中国农业科学技术出版社

图书在版编目(CIP)数据

农村致富带头人培训手册 / 张文平等主编. --北京：中国农业科学技术出版社，2024. 5

ISBN 978-7-5116-6763-2

Ⅰ. ①农… Ⅱ. ①张… Ⅲ. ①农业经营-人才培养-中国-手册 Ⅳ. ①F324-62

中国国家版本馆 CIP 数据核字(2024)第 074646 号

责任编辑 张国锋
责任校对 李向荣
责任印制 姜义伟 王思文

出 版 者 中国农业科学技术出版社
北京市中关村南大街 12 号 邮编：100081
电 话 (010) 82109705 (编辑室) (010) 82106624 (发行部)
(010) 82109709 (读者服务部)
网 址 https://castp.caas.cn
经 销 者 各地新华书店
印 刷 者 北京富泰印刷有限责任公司
开 本 145 mm×210 mm 1/32
印 张 4. 75
字 数 140 千字
版 次 2024 年 5 月第 1 版 2024 年 5 月第 1 次印刷
定 价 36. 80 元

《农村致富带头人培训手册》

编写人员

主　编	张文平	刘　峰	郝成林	曹睿亮
	保善平			
副主编	孙红宇	曹国涛	高兴兰	龚志龙
	柴　雯	闫淑敬	尹育刚	李彩霞
	王占伟	张宁宁	王秀玲	张爱民
	柳　靖	杜　筠	余细基	王宏伟
	韦梦茹	李继章	朱洪林	高　君
	罗　容	陈明勇	贺春久	孙晓山
	梁景安	钟立均	郑志军	钱正长
	李俊山	张艺砜	熊晓燕	
编　委	郑　煜	徐晓婷	冯永清	陈小龙
	李永松	张建贵	江　雪	何昕雨
	邵钢清			

前　言

党的二十大描绘了以中国式现代化推进中华民族伟大复兴的宏伟蓝图，全面建成社会主义现代化强国。回顾以往，我们攻坚克难，打赢了脱贫攻坚战，农村贫困人口实现脱贫，全面建成小康社会。如今全面建成社会主义现代化强国已接力全面小康。“三农”人应全面贯彻落实党的二十大精神，全面推进乡村振兴，加快建设农业强国。

无论是乡村振兴还是实现农业农村现代化，懂农业、爱农民、爱农村的“三农”人才尤其重要。因此，鼓励和培养返乡和留乡人才，关系乡村振兴的实现。“三农”人才能兴办乡村企业、规模化农场和专业合作社，还能加强基层党政管理和社会治理，带领小农户走向大市场，通过提高农产品的市场化、专业化和商品化程度推动中国的农业实现从传统农业向现代农业的转变。因此，采取有效措施对农村人才资源进行开发，培养一支规模宏大、结构合理、素质优良的农村致富带头人队伍，服务于乡村振兴，推动实现农业农村现代化。

编　者

目　　录

第一章　创新驱动新农人致富

第一节　深度服务“三农”，凸显引领作用

2015年6月5—6日，全国农村基层党建工作座谈会在杭州召开，对全国农村基层党建工作作出重要部署。做好“三农”工作关键在农村基层党组织，座谈会上重申坚持农村基层党组织领导核心地位，要引导农村基层党组织强化政治引领功能，重视做好思想政治工作，推动党的路线方针政策在农村落地生根；扎实推进基层服务型党组织建设，多为群众办好事办实事，不断提升服务能力；加强对村级各种组织的统一领导，敢于负责、主动作为，促进村级其他组织沿着正确方向健康发展。座谈会强调抓好农村基层党建，重在解决问题，围绕中心、服务大局，推动农村基层党组织切实担起促进农村改革发展和改善民生的责任，以农村发展成效检验党建工作成果。各级党委要认真落实农村基层党建责任制，列出责任清单，强化工作问责，狠抓任务落实，要深入基层、走村入户，熟悉农村情况、善抓农村党建。

办好农村的事情，实现乡村振兴，关键在党。党的十八大以来，农业农村发展之所以能取得历史性成就，发生历史性变革，最根本的原因就在于党中央的坚强领导，勇于推动“三农”工作理论创新、实践创新、制度创新，从而推动了农业农村的发展。

农村基层党组织是农村高质量发展的引领者，在推进乡村振兴工作中，党组织的引领作用日益凸显。农村基层党组织是党在农村工作的基础，是农村基层各种组织和各项工作的领导核心，是党联系农民群众的桥梁和纽带。党的十九届六中全会通过的《中共中央关于党的百年奋斗重大成就和历史经验的决议》指出：“党确立习近平同志党中央的核心、全党的核心地位，确立习近平新时代中国特色社会主义思想的指导地位，反映了全党全军全国各族人民共同心愿，对新时代

党和国家事业发展、对推进中华民族伟大复兴历史进程具有决定性意义。”“两个确立”为进行伟大斗争、建设伟大工程、推进伟大事业、实现伟大梦想培根铸魂、凝心聚力，是夺取新征程新胜利的根本保证。习近平新时代中国特色社会主义思想之所以感染人、吸引人，受到广大人民群众的广泛认同和坚决拥护，是因为始终坚持以人民为中心的根本政治立场。农村基层党组织在开展党建工作，以党建带动农民致富的过程中必须深刻认识“两个确立”的重要意义，做到“两个维护”，用习近平新时代中国特色社会主义思想指导行动，发挥战斗堡垒作用，以高质量党建引领和保障农业增产农民增收。

通过加强农村基层党组织建设，引导农民创新发展模式，打造共建共治共享的乡村治理格局等，加强党对农业农村的全面领导，让党的建设在领导农业农村发展中发力。

围绕村“两委”换届工作，遴选党性和能力强、头脑活、作风和综合素质硬的党员充实到村党组织书记队伍中。通过择优内选、机关下派等方式，选派“第一书记”和党务专干到村任职，帮助建设基层组织，协助做好结对帮扶、产业发展等工作。依托市县党校、乡镇、职业院校等所开设致富技能培训课程，帮助农民解决农作物种植、水产养殖、棚菜种植等方面技术问题，提升农民致富能力。

支部引导，党员带头，探索农村特色经济结合村情实际发展模式，推行“产业+党支部（党小组）”“党支部+合作社+农户”等发展模式，成立花木种植、畜牧养殖、无土栽培等特色庭院经济项目，积极培育农民专业合作社、家庭农场等新型农业经营主体，发展特色农业种植，有效促进农业增效和农民增收，助力乡村振兴。同时，将党组织建在产业链上，组建技术、销售等功能型党组织，为村民寻找市场销售渠道，发现最优最新技术，提升“造血”功能。

探索党委统领、支部引领、党员带领的发展路子，形成共建共治共享的乡村治理格局。以“党建引领+产业组织”实现农户收入与集体经济双赢；以“党建引领+依法治村”，实现乡村治理制度与管理模式合理有序；以“党建引领+环境整治”构建“党总支+村委会+监督管理员+农户”四位一体的村庄环境卫生管理机制，让垃圾不落地，村庄更美丽；以“党建引领+新媒体运用”推进网上党支部建设，利用手机媒体平台，宣传党委、政府的各项方针政策，让农民知道、弄懂、会用政策；通过推动农村改革发展，让群众有更多的获得感，通过落实重点环境整治工作让群众的生活环境美起来；通过解决农民群众“急难愁”的民生问题，让群众更加信赖党组织。

农业要强、农村要美、农民要富，全靠农村基层党组织。各级党组织要充分认识加强农村基层党建工作的重要性紧迫性，紧紧结合我省实际，适应农村经济结构和社会结构的深刻变化，遵循基层党组织建设的特点和规律，全面提升农村基层党建工作水平，为推动我省农村改革发展，促进农村经济社会进步提供坚强保证和有力支撑。农业是基本盘，“三农”是“压舱石”。党的十八大以来，党把解决好“三农”问题作为工作的重中之重。世界正面临着百年未有之大变局，国际体系与秩序复杂多变，新冠疫情加剧未来不确定性，要稳定“三农”，基层党组织要发挥引领作用，以开创性思维解决农村新老问题，助力乡村振兴。

第二节 启民智，开拓农产品销售市场

农产品销售是农民收入的主要来源。很多农民辛苦一年，却因为农产品销售不畅而导致增产不增收。收入不增加，农民的生活水平自然不能切实提高。农村特色农产品种类多，随着季节和气温的变化而变化，部分农产品因为生态环境好已小有名气，但销售不畅的原因很多，有的是销售渠道欠缺，有的是宣传不到位，有的是交通条件差。农村基层党组织要重点关注农民的“钱袋子”，面对农产品销售难的突出问题，要发挥党组织的引领作用，帮助农民集思广益，打通农产品销售渠道，消除农产品流通障碍。例如，可以通过举办农产品交易会、特色农产品推荐、电商销售、积极引进企业合作等方式方法带领老百姓谋经济发展，优化产业结构。

俗话说，船小好掉头，船大抗风浪。在千变万化的市场上小企业虽然有机动灵活的一面，但在风浪面前也有抵御能力低，缺乏办大事的能力等问题。为提高企业的抗风险能力，扩大规模成为新创业小企业面临的首要问题。要扩大创业企业的规模，就要扩大企业的销售市

场，通过增加需求不但有利于扩大企业的规模，而且有利于提高企业的盈利。

一、开拓新的销售区域

农民创业者之所以要开辟新的销售区域，除能够使企业规模扩大外，是因为在新的销售区域还可能将产品卖出更高的价格和获得更好的效益。

在开拓新的销售市场时，要坚持进行市场实践的检验，最忌单纯根据资料就预测、拍板。许多创业者的实践证明，预测并不能说明销售市场就一定真的存在。例如，西安由于人口多，消费水平高，多数产品的销售市场空间是昆明的几倍。四川省农民在销售自己的加工产品时，多数人愿意跑西安，只有少数人去昆明。但因为西安的销售市场大，竞争相对激烈，而在昆明销售的反而取得了更好的成绩。另外，有时人们容易从主观想象出发，不看好个别销售区域。如贵州地处山区，水果产量大，人均收入又相对较低，水果市场不被看好，但却有部分来自东南山区的果品在这一地区取得了销售佳绩。从大量的经验中，创业者们得出这样一个结论：要正确认识一个地区的市场，只有深入下去，试一试，看看是否能够开辟出来。实践出真知，只要一个地方有人群，有购买力，就有潜在的市场。

二、采用新的销售方法

在自己的家中或田间等着收购人员前来收购，或自己将生产的产品运送到农贸市场上销售，是农业创业者最常用的两种销售方式。除此之外，还有一些其他的销售方式。

一是联系城市中有关单位，满足其采购需求。如在北京市和天津市这样的大城市中，一个企业可能有十几万人，一个机关也常常有几万人，这些单位在日常伙食、职工福利等方面都有可观的需求，找到这样的单位，销售不但有保障而且常常可以增加盈利。

二是直接进入超市销售。目前我国不少城市提倡农业创业者与超市对接，创业者生产的农产品不经过中间商直接进入超市的柜台，对于鲜活农产品，这种方法保鲜效果好，中间损耗小，保证了生产和消费两个方面的利益。

三是面向连锁餐饮企业的需求。改革开放后，海外大型连锁餐饮企业大量进入我国，我国也开始迅速涌现出一批连锁餐饮企业。有些餐饮企业有几千家连锁店，有几万名员工。这些企业的需求量也很可观，虽然他们对产品有严格的标准，但收购的价格多数会高于农贸市场，如肯德基一个企业需求的马铃薯就带动内蒙古几千农民增加了收入。

四是面向有固定需求的社区居民。如有的牛奶合作社通过组织，能够在一定程度上保证鲜奶的供应后，不再单纯向收购单位交奶，而是与城市中多个社区联系，通过直接配送鲜奶，一方面提高了牛奶的价格，另一方面，也更好地满足了城市居民的需要。当前，在我国还有大量的城市社区通过与农村生产者联系，建立了一批蔬菜销售点。

五是网络销售。通过建立网上商店等，采用网络销售等方式销售产品。目前在网上销售较好的农产品有杂粮、苗木、小食品、特色农产品等。网络销售投入不大，效果可观，正在我国广大农村普及。农村淘宝是阿里巴巴集团的三大战略之一，2016 年，全国 300 多个县 14 000 个村已经建立了农村淘宝服务站，农民朋友可以通过农村淘宝将自己的产品直接销售到全国各地。

六是通过展会扩大销售。农民创业者常常生产一些新、奇、特的农产品，或挖掘当地的传统农产品，采用新的包装方式上市。一般销售方式很难让消费者对农民创业者的新产品有明确的认识，此时，参加农业展会，通过展会结识有眼光、有实力的经销商，并在展会上进行宣传，常常能够有较好的效果。

七是通过签订合同扩大销售。当前，我国已有一大批农产品加工或出口企业，这些企业对农产品的需求比较明确，需求的数量大，质量要求高。由于农产品市场的波动较大，不少企业为了保证加工和出口的需求，常常提前与农产品生产企业签订供货合同，在合同中规定交货的时间、质量标准、收购价格等。签订合同可以保证农民创业者农产品的销售，减少后顾之忧，扩大创业企业的规模。

若采用上述农产品销售方式，除了需要农民创业者改变思路外，还需要有一定的生产规模，实行专业化生产，或组织合作社联合供货。较大的产量和专业化的生产方式，以及生产的标准化、高质量是扩大销售的基础条件。

第三节　合作创业让收入倍增

不少创业者总结自己成功的经验时都有一条，企业规模的扩大在一定程度上是新的合作者不断增加的过程。创业者的能力和条件是有限的，但通过扩大各方面的业务联系，特别是联系能够解决自己面临的困难和问题新的合作伙伴，有利于创业走上新的高度。

在这一时期内，创业者已经走出了创业的第一步，企业有了雏形，有了提供产品和服务的能力，有了较为明确的前景，此时有意合作的伙伴与设想创业时已经不一样。会有更多、条件更好的人愿意与创业者合作。创业者可以从以下三个方面考虑选择新的合作伙伴。

一是能够完成销售的伙伴。如果创业者擅长生产而弱于销售，找一个有市场开拓能力的合作者，将产品的销售委托出去，自己集中精力于所长，让合作伙伴解决自己所短，双方取长补短，企业能够较快地发展。

二是组织生产的合作者。如果创业者擅长销售而弱于生产，也可以通过签订合同等方式，将农产品的生产交付合作伙伴。创业者专心开拓市场，而生产者专心于生产，会给双方带来利益。

三是选择善于经营管理的伙伴。如果创业者擅长外部联系，擅长技术开发等，在企业经营管理方面缺乏经验，通过各种渠道，寻找善于经营管理的合作者，会使企业的经营管理尽快走上正轨，保证企业的发展。

农民创业者与他人的合作可以有很多方式，如合同委托方式、合同销售方式、合同订货方式、股份合作方式等。解放思想，搞活经营，充分利用好企业本身及外部的条件，往往可以在创业走出第一步后取得较好的效果。

第四节　降本增效，带动农业新技术应用

农民创业者要盈利，一方面，要有好的产品、好的品种；另一方面，还要以较低的成本完成生产。在销售价格一定的条件下，降低生产的成本，可以提升创业的盈利。降低生产成本是农民创业者永远的任务，贯穿于创业的始终，有多种多样的达成方法。

降低成本有效的方法是使用新技术，但是新技术的应用往往伴随较大的阻力，有的农民不了解新技术，没有渠道得到最新的技术信息，有的农民不信任新技术，对新技术的作用有怀疑。这时，党员就需要发挥先锋模范作用。农村基层党员关注、收集各个领域的新技术，发现适合当地村情的新技术、新方法，向农民朋友宣传新技术并帮助他们使用新技术。

一、用新技术降低成本

在降低生产成本的诸多途径中，新技术是降低成本的最有效手段之一。利用新技术降低成本的方法很多，这里介绍常用的几种。

(1) 采用新品种降低成本。农业生产具有自然再生产与社会再生产结合的特点。在农业生产中，品种的选择十分重要，好的品种不但生长快，抗病性强，而且常常因质量好在市场上销售价格更高。选择适合消费者需要，同时也适合当地技术条件的品种，是降低成本的有效手段之一。

(2) 利用新设备降低成本。新设备多数有功率大、技术新、效率高、投入低能、耗少等特点。在生产达到一定规模的条件下，用新设备替代传统设备能够在一定程度上降低生产成本，特别是农产品加工和服务企业，采用新设备效益更为明显。农民创业者也要注意，在购买新设备前，认真计算设备的利用率以及投入产出等因素，选择效益高、技术新的设备。目前，我国对购买农机等还有一定的补贴，农民创业者还需要全面掌握和用好有关政策，减少购买农机时的投入。

(3) 使用新材料降低成本。目前的农业生产有大量基础设施建设等，如设施农业的建设、养殖基地的建设、示范园区的建设、现代农

业产业基地的建设等，在这些建设中，除了因地制宜，采用当地传统的材料外，也要注意新材料的使用。从农民创业者的反映来看，不少新材料用法更为简单，结实耐用，且成本低。

（4）采用新方法降低成本。在农业生产中，只要各种要素科学合理地投入，就可以以较少的投入获得较大的产出，如在养殖业上，需要有科学的配方，让多种营养物质，特别是蛋白质合理搭配，可以减少饲料的投入。在种植业上，也要缺什么补什么。科学施肥，特别是化肥，要合理搭配，不但能够减少浪费，而且还能够减少污染。在种植果树时，也要注意对土壤成分的测量，合理补充土壤中缺少的成分，不但能够增产，而且能够提高果品的质量。

二、用新渠道降低成本

（1）通过合作组织降低采购成本。一般来说，在农资的销售环节都有一定程度的加价。在市场上，采购的数量越多，预定的时间越早，越有利于供货单位合理安排生产和运输，相应的价格也能够低一些。一家一户的农民采购批量较少，多数购买缺乏计划，在市场上处于不利的地位，如果组织起来，联合几十户、上百户农民共同购买生产资料，可以通过提高购买的数量，降低采购价格。有些农民合作社因为采购的批量较大，又有比较稳定的需求量，得到生产企业的青睐，能够绕开中间商，直接到生产企业按出厂价格进货，进一步降低了投入成本。

（2）通过产业化生产降低投入成本。产业化生产是由企业与农户联合，企业组织农户共同完成的生产。在产业化生产中，企业往往能够组织较大数量的农户，按统一的标准和要求进行生产。在这种情况下，由企业负责投入品的购买等，由于投入的批量大，又有稳定的需求，有一定的计划安排，也能够在一定程度上降低投入品的价格。

（3）农资网上直配降低成本。在销售环节中，店铺租赁、营业员工资等费用常常占较大的比例，这些都要纳入成本中。进入21世纪后，由于网络的普及，网上直配、网络销售等开始在农村普及。

网上销售可以省去店铺的成本，可以不用营业员，从我国各地的情况看，可以使农资价格下降5%~20%。如果能够组织一定数量的农民团体购买，集中运输，则还可能进一步降低费用。我国目前已经有不少地区开始推广农资网上购买，在一定程度上降低了农业生产投入的成本。

三、用新管理方法降低成本

（1）制订好生产营销计划。俗话说，吃不穷，穿不穷，算计不到要受穷。算计即是计划，是减少成本费用的有效措施之一。在创业中，事先有周密的生产经营计划，打时间差和季节差，错峰管理，可以一次性购买的生产资料不多次购买，既可以节省运费，又可以节约人力、物力。购买有详细的计划，有合理的预期，在生产资料价格比较低或实行优惠的时段购买，比临时购买价格更为合算。对于可购买可不购买的生产资料，可以通过算计，减少购买的数量和积压。科学合理地计算，可以减少成本，降低支出，也有利于保障生产经营活动的正常进行。

（2）实行严格的成本控制。在创业中，要有严格的成本控制措施。一是确定科学的成本控制目标。通过严格的测算，把生产成本控制在合理范围，按照目标在生产经营活动中控制成本。二是明确成本的责任制。通过成本责任，避免生产经营活动中的浪费问题。三是完善企业创业中成本管理的规章制度。通过合理的制度，保证将生产成本控制在目标责任范围内。四是建立成本奖罚责任。对于降低成本的措施及人员，要及时奖励；对增加成本的问题，要明确责任，落实到人，使企业员工有成本意识。五是不断总结成本管理中的经验和教训，完善企业内的管理制度，使生产经营成本得到严格地控制。

（3）及时进行农产品的成本核算。多数农民创业者生产多种产品，有不同的规格和品种。如果没有及时合理的成本核算，不易判断和确定哪一产品的成本低、效益高。如我国贵州山区农民有养殖大羊的习俗，他们认为，羊大说明养殖好，饲养者也有面子，但将羊养大需要一年多的时间，经济效益慢，养殖户的积极性不高，养羊一直不能成为产业。这一山区养羊的条件好，如果能够提高养羊的经济效益，降低时间成本，有利于农民致富。为提高养羊的经济效益，农业科技人员进行了详细的成本核算，他们发现，养殖 6 个月左右的羊无论是劳动成本，还是饲料成本都是最低的。继续饲养，经济效益将下降。经过反复做农民的工作，并找了几家有文化的农户进行示范，改变了当地的饲养习惯，原来盈利很低的养羊业开始成为农民的致富产业之一。

第五节　因村制宜，选择适合的创业项目

推进现代农业建设是解决好“三农”问题的必然要求，能有效地提高农业综合生产能力，增强种养业的竞争力，促进农村经济的发展，快速增加农民收入。现代农业创业有许多项目可以选择，归纳起来，大概有以下六个方面。

一、设施农业项目

设施农业创业项目是指通过建立结构设施，在充分利用自然环境条件的基础上，人为创造生物生长发育的生境条件，实现高产、优质、高效的现代化农业生产方式。

农业生产是依靠动植物的自然繁殖机能及生长发育功能来完成的特殊生产过程，因而农业历来是一个受自然因素影响最大的产业。随着社会经济和科学技术的发展，农业这一传统产业正经历着翻天覆地的变化，由简易塑料大棚和温室发展到具有人工环境控制设施的自动化、机械化程度极高的现代化大型温室和植物工厂。当前，设施农业已经成为现代农业的主要产业形态，是现代农业的重要标志。

设施农业主要包括设施栽培和设施养殖。设施栽培目前主要有蔬菜、花卉、瓜果类，设施栽培技术不断提高发展，新品种、新技术及农业技术人才的投入提高了设施栽培的科技含量，研制开发出高保温、高透光、流滴、防雾、转向等功能性棚膜及多功能复合膜和温室专用薄膜，便于机械化卷帘的轻质保温被逐渐取代了沉重的草帘，培育出一批适于设施栽培的耐高温、弱光、抗逆性强的专用品种，提高了劳动生产率，栽培作物的产量和质量不断提高。下面是主要设施栽培装备类型及其应用简介。

（1）小拱棚。小拱棚主要有拱圆形、半拱圆形和双斜面形 3 种类

型。主要应用于春提早、秋延后或越冬栽培耐寒蔬菜，如芹菜、青蒜、小白菜、油菜、香菜、菠菜、甘蓝等；春提早的果菜类蔬菜，主要有黄瓜、番茄、青椒、茄子、西葫芦等；春提早栽培的瓜果主要有西瓜、草莓、甜瓜等。

（2）中拱棚。中拱棚的面积和空间比小拱棚稍大，人可在棚内直立操作，是小棚和大棚的中间类型。常用的中拱棚主要为拱圆形结构，一般用竹木或钢筋做骨架，棚中设立柱。主要应用于春早熟或秋延后生产的绿叶菜类、果菜类蔬菜及草莓和瓜果等，也可用于菜种和花卉栽培。

（3）塑料大棚。塑料大棚是用塑料薄膜覆盖的一种大型拱棚。它和温室相比，具有结构简单、建造和拆装方便、一次性投资少等优点；与中小棚比，又具有坚固耐用，使用寿命长，棚体高大，空间大，必要时可安装加温、灌水等装置，便于环境调控等优点。主要用于果菜类蔬菜、各种花草及草莓、葡萄、樱桃等作物的育苗；春茬早熟栽培，一般果菜类蔬菜可比露地提早上市20～30天，主要作物有黄瓜、番茄、青椒、茄子、菜豆等；秋季延后栽培，一般果菜类蔬菜采收期可比露地延后上市20～30天，主要作物有黄瓜、番茄、菜豆等；也可进行各种花草、盆花和切花栽培，以及草莓、葡萄、樱桃、柑橘、桃等果树栽培。

（4）现代化大型温室。现代化大型温室具备结构合理、设备完善、性能良好、控制手段先进等特点，可实现作物生产的机械化、科学化、标准化、自动化，是一种比较完善和科学的温室。这类温室可创造作物生育的最适环境条件，达到高产优质。主要应用于园艺作物生产上，特别是价值高的作物生产上，如蔬菜、鲜切花、盆栽观赏植物、园林设计用的观赏树木和草坪植物以及育苗等。

设施养殖目前主要是畜禽、水产品和特种动物的设施养殖。下面是设施养殖装备类型及其应用简介。

（1）设施养牛装备。主要有各类牛舍、遮阳棚舍、环境控制、饲养过程的机械化设备等，这些技术装备可以配套使用，也可单项使用。

（2）设施养禽装备。现代养禽设备是用现代劳动手段和现代科学技术来装备的，在养禽特别是养鸡的各个生产环节中使用，各种设施实现自动化或机械化，可不断地提高禽蛋、禽肉的产出率和商品率，达到养禽稳定、高产优质、低成本，以满足社会对禽蛋、禽肉日益增长的需要。主要有以下几种装备：孵化设备、育雏设备、喂料设备、饮水设备、笼养设施、清粪便设备、通风设备、湿热降温系统、热风炉供暖系统、断喙器等。

（3）设施水产养殖装备。设施水产养殖主要分为两大类：一是网箱养殖，包括河道网箱养殖、水库网箱养殖、湖泊网箱养殖、池塘网箱养殖；二是工厂化养鱼，包括机械式流水养鱼、开放式自然净化循环水养鱼、组装式封闭循环水养鱼、温泉地热水流水养鱼、工厂废热水流水养鱼等。

目前，设施农业的发展以超时令、反季节的设施栽培生产为主，它具有高附加值、高效益、高科技含量的特点，发展十分迅速。随着社会的进步和科学的发展，我国设施农业的发展将向着地域化、节能化、专业化发展，由传统的作坊式生产向高科技、自动化、机械化、规模化、产业化的工厂型农业发展，为社会提供更加丰富的无污染、安全、优质的绿色健康食品。

二、规模种养业项目

随着我国现代农业的加快发展，家庭联产承包经营与农村生产力发展水平不相适应的矛盾日益突出，具体表现为四大矛盾：农户超小规模经营与现代农业集约化生产之间的矛盾，农民的恋土情结与土地规模经营的矛盾，按福利原则平均分包土地与按效益原则由市场机制配置土地的矛盾，分散经营的小农生产与日趋激烈的市场竞争和社会化大生产要求的矛盾。我国农户土地规模小，农民经营分散、组织化程度低，抵御自然和市场风险的能力较弱，很难在一家一户的小农经济的基础上建立起现代化的农业，实现较高的劳动生产率和商品率，使农村根本摆脱贫困和达到共同富裕。目前我国养殖业生产仍然以分散经营为主，大多数农户技术水平低，竞争能力弱。

世世代代在农村种地的张三里，他的名字跟他的出身一样“接地气”。城里没有亲戚朋友，初中毕业一直在农村种地，十年只去过县城两次。在农村盖房结婚生子后，刚刚还清了债务，是货真价实的穷农民。可是他有可贵的志气，在长期艰苦的劳作中，他能吃苦，爱学习，心理逐渐强大起来。

他看到自己身旁的人一个个走向城市，打工的打工，创业的创业，心里着实焦急。看电视，听广播，他不断积累自己的知识，还时常去村里的农家书屋读各种书籍，他有意识地锻炼自己的思维，愿意动脑筋，萌发了在农村就地创业的念头。

他在自己的成长日记中写道："我生在农村长在农村，有改变农村面貌的责任，现在看到了自己的村里隐藏着巨大的商机。农村有各方面的潜在需求，劳动力资源也相当丰富。我可以放开手脚大干一场。"

28 岁那年，他建起了红薯淀粉加工厂，由于原料充足，当年就获利 3 万元。第二年又建起了花生油加工厂，因他不拖欠工资，方圆几十里（1 里＝500 米）的人都愿意来他的厂子打工。又因为他的工厂生产加工的淀粉和花生油质量好，客户越来越多，不少客户还先付款，后提货。第三年打开了外贸出口通道，被省绿色食品办公室认可为绿色食品。到第四年他又建了一个颗粒饲料加工厂，第五年他把这 3 个厂子组建成了公司。如今的张三里已经是当地有名的农民企业家。

为了应对日益激烈的市场竞争，国内外农民走向联合生产与经营的案例已很常见，因为它便于集中有限的财力、人力、技术、设备，形成规模优势，提高综合竞争力。因此，农民创业可以走现代农业生产的道路，大力发展规模化的种养业，打破田埂的束缚，让一家一户的小块土地连成片，个体农民有效地团结在一起，进行规模化经营，使低效农业变为高效农业，特别是在大中城市的郊区和一些条件比较好的平原地区，这种规模化生产既是必要的也是可行的，是农业创业的重要选择项目。

"一村一品"发展的思路，就是规模种养殖业创业项目很好的选择，也就是要培育一批特色明显、类型多样、竞争力强的专业村、专业乡镇。

例如，江苏省如东县玉潭村依托棉花种植的传统优势，统一布局、统一品种、统一配套技术、统一收购，三年间棉花单产提高了近

20%，每公顷产量超过 1 500 千克，棉花种植效益大幅增加。江苏省沛县杨屯镇赵楼村养鸭协会为养鸭户实行“五统一”服务，即统一赊鸭苗、统一供饲料、统一培训技术、统一鸭病防疫、统一销售成鸭，农户每养一只鸭可赚 2 元多，一户一茬可养 3 000 只肉鸭，获纯利近 7 000 元，一年养 6 茬，收入 4 万多元，全村 70%的农户靠养鸭致富。目前，杨屯镇养鸭业形成了“一户带多户、多户带全村、一村带多村、多村成基地”的格局，并由“一村一品”向“几村一品”“几乡一品”“一县一品”拓展。湖南省常德市积极培育乡村特色产业，涌现出“柑橘村”“茶叶村”“苎麻村”等 639 个专业村，从业农户近百万，专业村农民人均纯收入比全市农民人均纯收入高出很多。可见，发展规模种养业，要以市场为导向，以推进农业规模化为发展方向，把高效农业规模化作为现代农业的首要工程，突出做强特色、做大规模，大力发展水果、畜牧、蔬菜等优势农业产业，从“一村一品”向“一乡一品”“一县一品”发展，形成一批优势产业带。

三、休闲观光农业项目

休闲观光农业是以农业和农村为载体的新型生态旅游业，是把农业与旅游业结合在一起，利用农业景观和农村空间吸引游客前来观赏、游览、品尝、休闲、体验、购物的一种新型农业经营形态。

近年来，伴随全球农业的产业化发展，人们发现，现代农业不仅具有生产性功能，还具有改善生态环境，为人们提供观光、休闲、度假的生活性功能。随着人们收入的增加，闲暇时间的增多，生活节奏的加快以及竞争的日益激烈，人们渴望多样化的旅游，尤其希望能在典型的农村环境中放松自己。休闲观光农业主要是为那些不了解农业、不熟悉农村，或者回农村寻根，渴望在节假日到郊外观光、旅游、度假的城市居民服务的，目标市场主要是城市居民。休闲渔业的发展，不仅可以丰富城乡人民的精神生活，优化投资环境等，而且达到了农业生态、经济和社会效益的有机统一。具体来讲，发展休闲观光农业有以下作用。

（1）有利于拓展旅游空间，满足人们回归大自然的愿望。随着收入的增加，人们不再仅仅满足于衣食住行，而是转向追求精神享受，观光、旅游、度假活动增加，外出旅游者出行次数越来越多。一些传统的风景名胜、人文景观在旅游旺季往往人满为患、人声嘈杂。休闲观光农业的出现，迎合了久居大城市的人们对宁静、清新环境和回归大自然的渴求。

（2）有利于实现农业的高产高效等目标。利用农业和农村空间发展观光农业，有助于扩大农业经营范围，促进农用土地、劳动力、资金等生产要素的合理调整，提高土地生产率和劳动生产率；同时又可以农业旅游为龙头，带动餐饮、交通运输、农产品加工等行业的发展，增加农业生产的附加值。

（3）有利于改善农业生态环境。休闲观光农业为招徕游客，除了在景点范围内营造优美的农业生态环境和农业景观外，还要绿化、美化周围地区的田园和道路，维护农业与农村自然景观，改善城乡环境条件。

休闲观光农业是把观光旅游与农业结合在一起的一种旅游活动，它的形式和类型很多。主要有以下 5 种。

A. 观光农园。即在城市近郊或风景区附近开辟特色果园、菜园、茶园、花圃等，让游客入内摘果、拔菜、赏花、采茶，享受田园乐趣。这是休闲观光农业最普遍的一种形式。

B. 农业公园。即按照公园的经营思路，把农业生产场所、农产品消费场所和休闲旅游场所结合为一体。

C. 教育农园。教育农园是兼顾农业生产与科普教育功能的农业经营形态，以青少年学生为主要服务对象，提供农业认知、体验与相关教学服务。教育农园也是城市居民休闲度假、知识性旅游的理想去处。

D. 森林公园。森林公园是经过修整可供短期自由休假的森林，或是经过改造形成景观系统的森林。

E. 民俗观光村。目前，全国各地已经涌现出一大批因地制宜，深入挖掘，展现当地文化、生产、生活习俗的民俗旅游村，有的地方建起了民俗博物馆、婚俗院等，有的推出了“住农家房、吃农家饭、做农家活、随农家俗”等活动。到民俗村体验农村生活，感受农村气息已成为今大都市人的一种时尚。

在20世纪90年代，我国农业休闲观光旅游在大中城市迅速兴起。休闲观光农业作为新兴的行业，既能促进传统农业向现代农业转型，又能解决农业发展过程中的矛盾，也能提供大量的就业机会，还能够带动农村教育、卫生、交通的发展，改变农村面貌，是解决我国“三农”问题的新思路。可以预见，休闲观光农业这一新型产业必将获得大发展。

四、绿色农业项目

绿色农业是一种新的农业发展模式，是以可持续发展为基本原则，充分运用先进科学技术、先进工业装备和先进管理措施，以促进农产品安全、生态安全、资源安全和提高农业综合效益的协调统一为目标，把标准化贯穿到农业的整个产业链条中，推动人类社会和经济全面、协调、可持续发展的农业发展模式。简单地说，绿色农业就是创建和利用良好的生态环境，运用现代管理理念和科学技术，生产出足量的安全营养的农产品，实现全面、协调和可持续发展的农业发展模式。

绿色农业的发展目标，概括起来讲就是“三个确保、一个提高”：确保农产品安全、确保生态安全、确保资源安全和提高农业的综合经济效益。

（1）确保农产品安全。农产品安全主要包括产品足够数量和产品质量安全，要能有效解决资源短缺与人口增长的矛盾，必须以科技为支撑，利用有限的资源保障农产品的大量产出，满足人类对农产品数量的需求。同时，随着经济发展，人们生活水平不断提高，绿色农业要加强标准化全程控制，满足人们对农产品质量安全水平的要求。

（2）确保生态安全。绿色农业通过优化农业环境，改善生态环境，强调植物、动物和微生物间的能量自然转移，确保生态安全。

（3）确保资源安全。农业的资源安全主要是水土资源的安全。绿色农业发展要满足人类需要的一定数量和质量的农产品，就必然需要确保相应数量和质量的耕地、水资源等生产要素。

随着环保意识的增强和绿色消费的兴起，消费者对绿色食品日趋青睐。顺应这一潮流，绿色农业在各地迅速发展。发展绿色农业还必须消除以下 3 个认识误区。

A. 认为绿色农业就是不施化肥、不喷农药的农业。绿色农业，是指以生产、加工、销售绿色食品为核心的农业生产经营方式。它是当今世界各国实施可持续发展农业目标时被广泛接受的模式。绿色农业以“绿色环境”“绿色技术”“绿色产品”为主体，不是不用化肥和农药，也不是一味地否定传统农业模式，而是科学使用化肥和农药，由过去主要依赖化肥和农药转变为主要依靠生物内在机制使农业增效。

B. 认为发展绿色农业投入高、收益低。我国绿色农业主要通过优良品种培育和土壤改良，利用生态机制来求发展，把经济、社会和生态效益统一起来，大大降低对农药和化肥的依赖，是一种低投入的农业生产方式。“绿色消费”方兴未艾，人们对消费品最迫切的要求是健康。谁能在“绿”字上大做文章，谁就能抓住更多的消费者，取得更高的市场占有率，获得更大的经济效益。发展绿色农业只要捷足先登，就会抓住创业先机。

C. 认为发展绿色农业是农民自己的事。发展绿色农业，需要加大绿色产品的宣传力度，加大绿色技术的普及力度，加大项目资金的扶持力度，开发病虫害防治、土壤改良等适用技术，培植绿色农业龙头企业和生产基地，提高农民绿色农业技术水平，这样才能促进绿色农业的发展，从而更有利于农村经济、社会和生态的协调发展。

五、现代农产品加工业项目

现代农产品加工业是指以现代科技为基础，用物理、化学等方法，对农产品进行处理，以改变其形态和性能，使之更加适合消费需要的工业生产活动。现代农产品加工业是现代农业的重要组成部分，是农业与工业相结合的大产业，是现代农业发展的关键。

现代农产品加工从深度上、层次上可分为农产品初加工和农产品精深加工。农产品初加工是指对农产品的一次性的不涉及农产品内在成分改变的加工，如洗净、分级、简单包装等；农产品精深加工是指对农产品两次以上的加工，主要是指对蛋白质资源、植物纤维资源、油脂资源、新营养资源及活性成分的提取和利用，如磨碎、搅拌、烹煮、脱水、提炼、调配等。农产品初加工使农产品发生量的变化，农产品精深加工使农产品发生质的变化。

现代农产品加工业的行业分类主要由农副食品加工业、食品制造业、饮料制造业、烟草制造业、纺织业、纺织服装鞋帽制造业、皮革毛皮羽毛（绒）及其制品、木材加工及木竹藤棕草制品业、家具制造业、造纸及纸制品业、橡胶制品业 11 个产业部门组成。

现代农产品加工及其制成品的发展趋势将向多样化、方便化、安全化、标准化、优质化方向发展，但我国农产品加工业的总体水平还远远不能满足发展的要求，主要表现为加工总量不足、农产品加工企业规模化水平和科技水平偏低、资源综合利用水平偏低、加工标准和质量控制体系不健全等。据统计，发达国家的农产品加工转化率在 30%以上，我国只有 2%～6%。如江苏省，肉类加工转化率是 6%～7%，蔬菜是 4%，果品是 3%。再如，我国稻谷加工还大多停留在“磨、碾”的水平，碎米和杂质含量高，品种混杂，口感与食用品质低，而外国的稻谷制米加工有精碾、抛光、色选等先进技术处理，成米一般可分成十几个等级，使用功能确切、食用质量好、整齐度高，可满足市场的多样选择，适于优质优价。由此可见，农产品加工业在我国仍有很大的发展空间，给农产品加工业创业项目的选择提供了很多的市场机会。

六、现代农业服务业项目

现代农业服务业是指以现代科技为基础，利用设备、工具、场所、信息或技能为农业生产提供服务的业务活动。农业服务业作为现代农业的重要组成部分，在拓展农业外部功能、提升农业产业地位、拓宽农民增收渠道等方面都发挥着积极作用，如良种服务、农资连锁经营服务、农产品流通服务、新型农技服务、农机跨区作业服务、农村劳动力转移培训和中介服务、现代农业信息服务、农业保险服务等。从现实情况看，我国现代农业服务业发展严重滞后，水平比较低，这些将会给现代农业服务业创业项目的选择提供很多机会。

（1）良种业服务。良种是农业增产增效的基础和关键，也是提高农产品质量的基础。随着人们生活水平由温饱向小康转变，社会对农产品质量的要求也越来越高，这就需要对现有品种进行改造，在保持高产品种高产性能的基础上努力提高质量。此外，还要根据市场需求状况，不断调整农产品的品种结构，以满足社会各方面的需要。因此，良种业服务可以在优良种子的筛选、标准化推广等方面提供服务。

（2）农产品流通业服务。农产品流通是指农产品通过买卖的形式，从生产领域进入消费领域的交换过程。农产品收购、贮存、运输、销售构成了农产品流通渠道，是联结农户与市场的纽带，任何一个环节发生了故障，都将导致流通渠道不畅通，农产品流通受阻，农产品就卖不出去，农业生产经济效益受损失，农业再生产也无法进行。因此，必须建立顺畅、便捷、低成本的农产品商品流通网络，特别是建立和完善鲜活农产品流通的“绿色通道网”，实现省际互通，以保证农产品能货畅其流，这对于活跃农村经济、提高农产品流通效率、促进农民增收和发展现代农业具有重要作用。例如，农产品经纪人就在搞活城乡经济中应运而生，他们穿梭于城乡市场，一手牵着农民的生产，一手牵着市场的需求，在带领农民进入市场、搞活农产品流通、促进农业结构调整、帮助农民增收致富等方面提供各类中介服务。

近年来，随着农业结构调整步伐加快，设施蔬菜面积迅速扩大。但是，在市场经济条件下，一家一户分散经营、蔬菜难卖现象时有发生，农民的收益不稳定。广大菜农亟待解决的问题：一是种植技术落后，迫切需要掌握新技术；二是蔬菜品种退化，迫切需要更新品种；三是盲目种植，生产无计划，销售无订单。例如，杨丽芸和丈夫注册成立了银川市锦旺农业综合开发有限公司，并联合当地的农户共同成立“银川市锦旺综合种植养殖合作社”，实行“农户+基地+合作社+公司”的产业化经营模式。

（3）农资连锁经营服务。农资是重要农业生产要素，目前常见的农资产品主要包括种子（种苗）、肥料、农药、农膜、农机具、饲料及添加剂等。农资连锁经营即连锁公司总部在各乡镇采用加盟和培训的方式物色农资连锁经营者，由总部配送各种品牌的农药、化肥、种子等农业生产资料，然后由农资超市分散经营，由总公司统一管理的一种经营模式。该模式是对传统农资经营模式的一种变革，主要利用遍布于各地乡村的连锁店，以电子网络为载体进行物流配送，以实现经营管理标准化、规范化的要求。

我国农资市场自1998年逐步放开以来，农资销售呈现出主体多元化的发展趋势，在促进农业经济发展、方便农民购买的同时，在激烈的市场竞争中，传统农资经营模式存在的问题也充分显露出来，如无序竞争加剧，串货现象造成价格混乱，假劣农资坑农害农行为等。农资连锁经营不仅促进了农资销售的标准化、规模化，还可有效预防假冒伪劣农资产品进入流通领域，净化农资市场，保证农民用上放心农资。目前，已涌现出中农、中化、惠多利、苏农等一批农资连锁龙头企业。

第六节　创业可能遇到的风险

农业企业的生产运营过程集自然再生产和经济再生产于一体，农业企业面临的风险具有自身的行业特征。按照风险形成的不同层次，可分为以下6个方面。

一、自然风险

农产品生产的周期性，自然灾害的客观存在，农业生产力水平较低，都会给农民带来风险。有些自然灾害是可避免的，有些是不可避免的，农民单家独户所面临的风险更大。这些自然灾害的威胁可能会给农业产业公司带来灭顶之灾。自然风险主要划分为两个方面。

（1）自然资源风险。自然资源风险可以理解为正常条件下的自然环境风险。农业企业生产的自然特性与其所占用资源的量、质和地理位置密不可分，在很大程度上直接决定了农业企业经营业绩的好坏。

在数量方面，相关资源的短缺（如水资源和土地资源）会严重影响农业企业的生产营运。在质量方面，环境污染对资源质量的不利影响会从根本上影响农业企业的经营效益。与此同时，资源的地理位置也直接决定了农业企业的营运成本，距离越远运输成本越高，交通不便也会使成本增加。

（2）自然灾害风险。自然灾害风险可以理解为异常条件下的自然环境风险。由于农业的生产特性，自然因素对农业的影响比其他行业更为敏感和严重。我国是世界上两条巨灾多发地带（即北半球中纬度重灾带和太平洋重灾带）都涉及的国家，气候变化大，灾害种类多且发生频繁，这些都给农业生产带来了巨大的损失。近年来，我国每年农田受灾面积 0.467 亿公顷以上，受灾面积占农作物播种总面积的 20%~35%，粮食损失 200 亿千克。其中干旱、洪涝、冷灾、寒害是我国最主要的农业天气灾害。自然灾害一方面会影响农业企业的产量，另一方面还会影响产品质量，增加农业企业的风险，使农业企业效益不稳定。

二、技术风险

技术风险，是指农民缺乏农业技术或某些技术在应用后产生的不确定副作用，对农业生产经营活动造成的损失。技术风险轻则可以造成减产、效益下降，重则造成绝收，使农民血本无归。

农民袁某，在 2019 年、2020 年大规模种植设施茄子，经过多年的积累，摸索出了一些管理经验，对茄子的主要疾病防治技术基本上能够“自助”。由于连年轮作，在 2021 年 5 月出现了大面积褐轮纹病（茄子褐轮纹病又称茄轮纹灰心病，主要为害叶片，初生褐色至暗褐色圆形病斑，直径 2~15 毫米，具同心轮纹，后期中心变成灰白色，病斑易破裂或穿孔）。由于当地的农民不了解致病的原因，也不太清楚如何防治，只凭感觉采取试探性的办法，把多菌灵、硫菌灵等农药都试用了一遍，结果不但不见效，反而错过了茄子的最佳生长时期，造成产量大幅度下降。

该农民的技术风险主要来源于两个方面：一方面是设施茄子连年轮作，病原在土壤中积累；另一方面是连续使用同一种农药容易造成病原菌的抗药性。

由于农民对疾病的防治不确定，仍然按照过去的经验防治，盲目使用农药造成了减产。

农业的技术风险来自农业技术经济绩效的不确定性、农业技术应用的复杂性和农民素质状况。过去小农式的自给自足的生产方式，靠

“干中学”的经验来控制风险，这一问题尚不突出。但从20世纪80年代中期开始，高新技术农业开始出现，农业大量使用新设备、新技术，但技术服务队伍和组织机构缺位，新的农业技术推广体系还未完全形成。随着农业市场化步伐的加快，农民对科技的需求量大幅度增加，农业生产越来越依靠新技术、新产品，农业经营者的技术风险日益加大，对农产品质量标准、生态环境和能源的要求越来越高，经营这类产品的风险也在相对提高。

对新技术理解的偏差和操作的失误，都可能对农业生产造成直接经济损失和灾难性的后果。例如，对家禽行业来说，疫病控制就是养殖成败的关键问题之一，只有解决了疫病问题，才能够保证产品进入市场竞争。因此，在生产中所运用的疫病防控策略、措施和方法不得当，是产生经营风险的重要因素。

三、市场风险

农户还面临产品销售不畅、价格偏低、价格不稳定或者受到竞争对手的挤压而带来的市场风险。形成市场风险的原因主要包括两个方面。

（1）由于谈判力量不对等而导致价格波动的风险。谈判力量不对等是指在市场交易双方的拉锯战中，谈判力量强弱悬殊比较大，谈判力量强的一方在交易中处于主动地位，控制（决定）市场交易行为，谈判力量弱的一方在交易中处于被动地位，往往服从市场交易行为。农民与大的收购方在价格的谈判力量上就是这种极不对等的关系，而且农产品受自然条件影响大、生产周期长等特点，导致农户在经营过程中除了难以摆脱市场价格波动的影响外，还会受到强势谈判方的制约。

江苏省东海县黄川镇是大面积草莓种植乡镇，有20多年种植草莓的经验。2002年以前，草莓从种植到销售都是个体农民分散经营，由于农民不了解市场行情，草莓的销售价格通常由购买者决定，农民被动接受收购方给定的价格。有时农民不能接受比较低的价格，但草莓不能储存，又不能眼睁睁地看着自己的劳动成果付之东流，为了减少损失，不得不接受对方较低的报价。收购方为了获得比较好的利润，对不同的单个种植户给出不同的价格，通过一路压价，农民最后只能按最低价格销售。

这样，每到草莓大量上市的季节，草莓价格大战轮番上演，有时农民急于把草莓销售出去，即使亏本也在所不惜，在几年的销售中出现了增产不增收的局面。后来依托黄川镇政府成立了草莓协会，按照销售合同出售草莓，不仅稳定了销售价格，极大地调动了农民的种植积极性，种植规模也得到了扩大。目前依托草莓协会的草莓种植面积600多公顷，黄川也成为远近闻名的“草莓之乡”，有力地推动了地方农业经济的发展。

分散经营的农户在市场交易环节中处于很低的谈判地位，在谈判力量上很不对等，以弱对强，较弱的谈判能力产生了市场风险。弱势地位的改变在于合作。农业是一个弱势行业，农业创业者需要在创业的过程中合作，才能抵御更大的风险。农业协会可以缓解小农户大市场的矛盾，降低一家一户小农经济的市场风险，对市场风险进行重新分配。

（2）市场信息不对称产生的交易风险。市场信息不对称就是在交易过程中双方接收的市场信息不一致，其主要原因是交易双方中的一方（三方中的两方）的主观故意，给经营者带来信息不确定性的风险。

现代经济学证明，不确定性是影响人们经济行为和经济决策的重要变量。由于人们的风险偏好不同，人们对不确定性的不同判断，将会导致不同的行为预期和行为选择。市场交易参与的人数越多，信息就越不完备，道德风险、逆向选择、“搭便车”等机会主义行为发生的概率就越高。单个农户购买生产资料、销售自己生产加工（初加工）的农产品时，就面临着因为交易对象众多而带来的高度不确定性，而市场的不完整、市场信息不畅通、市场交易条件经常变化以及农产品市场的近乎完全竞争特征等，都在加剧这种不确定性的程度。

以家庭小规模生产为主体的农户，在信息不完全与信息不对称的双重制约下，往往显得无所适从，从而降低了市场效率，弱化了农民的利益谈判地位。伴随着中国入世与农业市场化开放程度的不断提升，农业生产经营活动在获得了更广阔的市场空间的同时，也面临更大市场波动的风险。而农业日趋明显的边际报酬递减趋势，使农业投入产出效率的获取面临着比非农业产业更大的市场风险。

四、订单风险

农产品订单是指农户以其本身或其所在的乡村组织同农产品的购买者签订的订单，组织安排农产品生产的一种农业产销模式。但是农民往往处在弱势群体的地位，由此产生了订单风险。

徐州市丰县某镇把洋葱作为主打产品，徐州某食品公司的黄某是洋葱的出口商，与镇政府签订收购合同，每年的洋葱由该公司负责收购，镇政府组织农民种植洋葱，每年收获的洋葱经过简单的剥皮和去杂、分拣包装等初级加工后，通过该公司出口到日本、韩国等地。洋葱的销售主体与种植户之间的连接是一个标准的订单模式，农户每年按照订单的数量和价格得到收益。2020 年由于国际市场不景气，日本代理方大量压缩订单，中间商由于难以承担订单的“违约”压力，不得不宣布破产，造成上千公顷的洋葱无人收购，最后种植户不得不承担订单风险。

农业订单的签订主体诚信意识不强，前端种植户是最大的风险承担者。订单的形式、内容和签订程序不规范也是导致农业订单兑现难的重要原因。

在农业现代化过程中，农业订单的经营主体之间的联系或紧密或松散，而合同是受法律严格保护的。但是，如果缺乏法律氛围和法律意识，违约就会发生。在有的情况下，签订合同后，如果市场价格高于合同价格，农民往往不将农产品出售给签约企业，而是直接到市场上去出售，从而使签约的企业遭受损失。由于这种行为通常涉及面很大，加之农民是弱势群体，在“法不责众”的惯例下，法律监督往往难以奏效。而且这种行为在龙头企业身上也时有发生，当市场价格低于合同价格时，签约企业也可能违约，不按既定的合同收购经营主体的农产品，而是到市场上去购买。而当企业不执行合约时，由于种种因素，企业被惩罚的概率也相当小。这种合约中的“机会主义”行为严重地损害了农业创业者的经营效益，产生了很大的交易风险。

五、农资及其价格风险

农资价格风险主要指两个方面：一方面是假冒农药、化肥、农膜、农机具等农用生产资料充斥农村市场，给农业经营主体带来损失；另一方面是农资价格上涨造成的损失。据调研，农民每年因假冒伪劣农资造成的损失占农民年收入的10%~15%，因农资价格上涨造成的损失约占农民年收入的13%。

近年来，全国农资市场普遍涨价。不仅生产商反映成本上升推动出厂价格上升，产销链条末端的经销商也反映农资价格“涨”声一片，生产资料价格上涨吞噬掉了产量和农产品价格上涨所带来的利润，影响农民增收和农民对农业的投入，引起农业效益的波动，遏制了农业增效的潜力。农民已经感受到了涨价带来的压力，但要把涨价带来的压力转移到出售农产品的环节并不是一件容易的事情。

六、其他风险

（1）资产风险。目前农业市场化程度提高，随着规模的扩大，投入也在增加，而农业投资具有锁定性，农业固定资产的专用性导致农业经营的风险，造成沉没成本加大，从而产生资产风险。如投入建设一个养鱼池，就只能用来养鱼，要马上转作其他用途是不行的，那么养鱼池的成本就是沉没成本，具有不可逆性，永远也无法回收，这给农业企业带来了损失。

（2）观念风险。一般而言，管理者风险意识淡薄，忽视危机出现的征兆，不重视对风险的监测，都影响企业对不确定性做出恰当和及时的反应。目前，我国大多数农业企业起步较晚，且以小型企业居多，对加强风险管理没有给予足够的重视。可以说，风险观念不强是农业企业不可忽视的一个问题。

第七节　防范风险的措施

一、用足优惠的农业政策资源

在一定程度上，农业政策具有公共产品的性质，利用好农业政策是农业创业者必走的“捷径”。2003 年以来，我国按照“多予、少取、放活”的方针，出台多项农业政策，如专项资金扶持政策、保险政策、补贴政策等，具体包括农作物保险、粮食直补、农资综合直补、水稻良种推广补贴、油菜良种推广补贴、大型农机具购置补贴等政策。

从 2016 年起，在全国全面推开农业“三项补贴”改革，将农业“三项补贴”合并为农业支持保护补贴，政策目标调整为支持耕地地力保护和粮食适度规模经营。

（一）加强耕地地力保护

用于耕地地力保护的补贴资金，补贴对象原则上为拥有耕地承包权的种地农民，补贴依据可以是二轮承包耕地面积、计税耕地面积、确权耕地面积或粮食种植面积等，具体依据哪一种类型面积或哪几种类型面积，由省级人民政府结合本地实际自定，补贴标准由地方根据补贴资金总量和确定的补贴依据综合测算确定。对已作为畜牧养殖场使用的耕地、林地，成片粮田转为设施农业用地，非农业征（占）用耕地等已改变用途的耕地，以及长年抛荒地、占补平衡中“补”的面积和质量达不到耕种条件的耕地等不再给予补贴。鼓励各地创新方式方法，以绿色生态为导向，提高农作物秸秆综合利用水平，引导农民综合采取秸秆还田、深松整地、减少化肥农药用量、施用有机肥等措施，切实加强农业生态资源保护，提升耕地地力。

（二）促进粮食适度规模经营

用于粮食适度规模经营的补贴资金，原则上以 2016 年的规模为基数，每年从农业支持保护补贴资金中安排，以后根据农业支持保护补贴的预算安排情况同比例调整，支持对象重点向种粮大户、家庭农场、农民合作社和农业社会化服务组织等新型经营主体倾斜，体现“谁多种粮食，就优先支持谁”。各地要坚持因地制宜、简便易行、效率与公平兼顾的原则，进一步优化资源配置，提高农业生产率、土地产出率和资源利用率。鼓励各地创新新型经营主体支持方式，采取贷款贴息、重大技术推广与服务补助等方式支持新型经营主体发展多种形式的粮食适度规模经营，不鼓励对新型经营主体现金直补。对新型经营主体贷款贴息可按照不超过贷款利息的50%给予补助。对重大技术推广与服务补助，可以采取“先服务后补助”、提供物化补助等方式。要加快推进农业社会化服务体系建设，在粮食生产托管服务、病虫害统防统治、农业废弃物资源化利用、农业面源污染防治等方面，积极采取政府购买服务等方式支持符合条件的经营性服务组织开展公益性服务，积极探索将财政资金形成的资产折股量化到组织成员。

国家和地方的种粮补贴政策，激发了农民发展规模种植的热情，“家庭农场”将会成为中国现代农业发展的主要模式。

二、成立农民专业合作组织

在激烈的市场竞争中，农业是一个弱势产业，农民是一个弱势群体，为了降低生产成本，提高盈利水平，需要通过合作联合起来，扩大外部交易规模，节约交易成本，提高市场竞争力，使产品按合理价格销售。同时，还可通过扩大经营规模，提高机械设备等的利用率，获得规模效益，规模的扩大可带动地方经济的倍增效应，市场的运作者可以在更大范围内稳定农产品的价格，争取市场谈判的主动权。农业合作经济组织按照合作的领域可以分为生产合作、流通合作、信用合作和其他合作，提高千家万户的小生产者在千变万化的大市场中的竞争能力和经济效益。

比如，山东省平邑县的金银花产量很大，以往农民自行到药厂销售，面临压价压质、运输成本高的处境。成立合作社，由合作社统一收购，统一和药厂签订合同，解决了农民销售与药厂收购的链条难题。

目前运作比较成功的模式——“公司+农户”，是一种化解农户市场风险的组织制度创新。实行“公司+农户”模式之后，农产品的市场化运作使农产品自然秉性带来的价格波动得到了一定的制约。单个农户的市场风险通过一体化企业的统一加工、集中销售，得到大幅度减少。在行情不被看好的情况下，由公司承担全部的市场风险，农户只要抓好生产就可以得到稳定的收入。所以，目前“公司+农户”的模式值得农业创业者去体验。

三、寻求与知名企业的市场协同

协同是指各方面相互配合，协助完成某项事情。企业通过市场协同可以实现低成本、高效益运作，从而降低风险。协同效应就是指企业之间在生产、营销、管理等环节，从不同方面共同利用同一资源而产生的整体效应。俗话说“一根筷子轻轻被折断，十双筷子牢牢抱成团”，企业要善于通过市场协同作用（生产协同作用或管理协同作用）达到扩大规模、开拓市场、降低经营成本和经营风险的目的，延长企业的寿命。目前常见的企业协同大多为市场协同，主要表现形式有品牌租用、品牌延伸、品牌扩展等。

许多农产品在交易过程中遭受冷遇，出现卖出难问题，其中原因除了季节和储藏能力等因素外，更主要的是缺乏销售的主营渠道。要把优质的农产品打入市场的主营销售渠道，品牌的知名度就成为关键因素。借助优势企业激活弱势企业，通过市场协同与名牌产品合作经营，农业企业利用其他企业在消费者心目中的地位寻找最佳的销售渠道，通过扩大生产规模、大力度开发市场，打造品牌的知名度，完成市场开发和拓展的业务。这是提升产品的市场适应能力的关键。

江苏省徐州市铜山区黄集镇是一个养鸭大镇，有近 300 个养殖户，年生产能力达 5 000 万只，具有很好的发展前景，但是在市场经营方面相对缺乏战略意识。家禽行业市场波动较大，由于受到生产周期较长的影响，加之产品又是需保鲜的食品，因此市场风险较大。本地的育成鸭都是运往南京进行深加工，运输成本和运输风险比较大，极大地打击了鸭农的积极性。

2003 年，铜山区黄集镇搞建筑业出身的农民吕永久，投资 6 000 万元成立精益诚鸭业有限公司，从种鸭饲养、鸭苗孵化到成鸭的育成实行“全方位一体化”的生产和服务，产业链条不断延伸，向前延伸到饲料加工，向后延伸到深加工，在附加产品方面进行羽绒的深加工。特别是在市场销售方面，经过分割的产品借助中间商品牌销售到了徐州、南京、镇江的各个超市。公司为当地的深加工企业钟记、南京桂花鸭提供货源，依靠钟记、南京桂花鸭的加工技术，借助钟记、南京桂花鸭企业的品牌优势和市场知名度，产品销售到千家万户，激活了当地弱势的加工企业，扩大了农户养殖规模，实现了企业与品牌的“双赢”。

农产品在市场化的过程中凭标准、品牌交易已经成为一种趋势，通过品牌树立农业企业形象，促进企业产品信息的迅速传播，以便赢得市场。

此外，还可以通过品牌扩展策略，也就是企业利用其成功品牌的声誉推出改良产品或新产品，包括新的包装规格、香味和式样等，凭借现有名牌产品创建系列名牌产品的名牌创立策略。随着农产品市场体系的不断完善以及企业应对市场风险的能力不断提升，价格波动这种一般意义的市场风险对农业企业的影响不断减弱。

四、走可持续发展的道路

企业的可持续发展就是既要考虑当前发展，又要考虑未来发展，不能以牺牲后期的利益为代价，换取现在的发展，满足眼前的利益。农业企业的可持续发展包括经营活动中若干生产要素的发展，从整体的角度表现为持续盈利（在一段时间内总体盈利），通过外在技术（人员）的“内化”过程，“渐进式”地实现企业由量变到质变的过程，以更好地抵御技术风险。

在农业技术不断创新的今天，许多经营企业为了缩短技术的经济效益时段，以雇佣（租赁）的方式借来技术，由于忽视了技术的“内化”过程，产生“水土不服”的应用风险。

在利用外来技术时，需要树立可持续发展的战略意识，对引进的技术采取以下措施规避技术风险：一是“本土化”，结合当地农业生产的水、肥、气等自然条件，有选择性地加以利用；二是技术租用渠道正规化。在农业产业化发展的今天，全国各个地方涌现出了大批的“专家”“技术能人”，在农业技术的应用与创新中起到了带头作用，但是由于当事人对农业技术认识的局限性，会把其技术“照搬照抄”，给经营者带来风险，所以在聘用专家时通过正规渠道以规避风险；三是不断“充电”，做好“技术储备”，在利用技术的过程中依赖外来技术容易受到制约，为了规避过分依赖外来技术的风险，创业者要对新技术、新工艺加强学习，给自己“充电”，让企业“固本强基”，把劣势转化为优势，使企业走可持续发展的道路。

五、走多元化发展的道路

多元化发展战略是指充分利用生产和加工相关程度较低的农产品和农副产品以分散风险。通过投资组合，达到在相同期望收益情形下组合风险最小或相同组合风险情形下期望收益最大的目的。

在蔬菜种植工作中，王富贵积极示范推广新品种、新技术，为现代高效农业的发展做出了较大的贡献，在当地蔬菜产业中发挥了较强的示范带动作用。他在设施蔬菜的生产经营过程中，有两条成功的经验值得推广：一是在种类上采取多样化的种植模式，由过去单一的番茄发展成一个以草莓和番茄为主、兼顾其他种类蔬菜的中等规模的无公害蔬菜生产基地。二是在种植规模上扩大，2017 年以来，先后投入资金 80 多万元，新建蔬菜钢架大棚 16 个，发展番茄、莴苣、甜玉米和草莓等应时蔬菜生产；建成了 1 个可存栏 100 头的养牛场并配套 1 个 100 立方米的沼气池，建立起“牛—沼—菜”生态循环农业生产模式。

多元化的种植模式，可以综合地利用市场和农业设施等资源，降低单位成本。

此外，像我国不同地区的“四位一体”“三位一体”的经营模式，“牛—沼—花”“牛—沼—菜”生态农业模式，“大棚草莓山羊复合种养模式和技术”，都是多元化的发展模式。像王富贵这样的种养模式，就是以土地为基础，以沼气为纽带，形成以农带牧、以牧促沼、以沼促果、果牧结合的配套发展和良性循环的生态体系，优化农业资源和环境，科学组合资源。

六、走一体化发展的道路

一体化就是延长农业产业链的经营模式。在农业经营过程中，将整个农业生产过程分为产前、产中和产后3个环节，将不同类型风险在整个链条中进行分解，通过明确不同环节的主要风险类型及其作用机制，寻求不同的管理方式，实现降低农业企业风险的目的。

在养殖产业中，许多农业生产合作社的经营就是一体化的发展模式，由于集中经营，统一标准，统一组织实施，其技术成本比单个农户小得多。而农业一体化经营企业往往是农业领域的一流企业，所以技术的风险主要表现为如何通过市场调研，选准具有开发潜力的技术，在成本最小化的前提下进行科学的开发。农业企业必须提供产前、产中、产后的服务，尽可能地将新技术的风险降低到最小的程度。农业企业要有精通农业技术的专业人员，以帮助农民解决农业技术应用过程中的各种问题，使农业技术的风险降低到足够小的程度。

例如，建立基地养殖户联合体，可以为当地群众提供品种改良、生产技术、科技普及、加工销售等“一条龙”式的服务。其优势是可以把原来的“多（生产者）多（购买者）”交易变成“一（公司）多（养殖户）”交易，实现“自助”服务，不受外部供应商的控制。基地养殖户通过联合经营和共同服务而形成利益共同体，推动当地养殖业向良种化、规模化、产业化方向发展。

第二章　乡村致富带头人创业能力要素

本研究基于文献资料的查阅以及乡村致富带头人创业过程中所需要的实践能力素养，归纳出乡村致富带头人创业能力要素——能力要素、能力过程要素及能力整体要素，力图通过这三大能力要素具体体现乡村致富带头人在创业过程中更为生动鲜活的职业素养。

第一节　乡村致富带头人创业能力要素

乡村致富带头人创业能力要素，是相对根本、基础的要素，即乡村致富带头人创业中的根本性素质。根据现有能力要素相关主题研究的界定，本研究中的乡村致富带头人创业能力要素涵盖乡村致富带头人创业动机、乡村致富带头人人格特质、乡村致富带头人创业学习三个创业能力要素概念。

一、乡村致富带头人创业动机

（一）创业动机的概念及功能

创业动机是鼓励和引导个体为实现创业成功而行动的内在力量。创业有七大动因：个人成长的需求、热爱挑战、有更多的自由、自主学习、不喜欢为他人工作、不受他人影响、有使用自己的知识和经验的机会等。创业动机是创业者追寻的目标，而创业者的目标对创业者的行为产生决定性影响，行为模式又决定了创业绩效的评价。

但在现实中，乡村致富带头人选择创业的具体原因是复杂多样的。比如，一是获得较高的收入，从而改善当前生活；二是成为老板，可以实现自主行动；三是最大限度地实现自我价值，获得成就感；四是获得自由，可以灵活支配工作时间和有较大的自由度；五是帮助他人、回馈社会，等等。党的十九大报告明确提出，实施乡村振兴战略后，建设家乡将成为乡村致富带头人的创业动机之一。

创业者的创业动机具有三大功能，分别是激发、指向和维持。首先，创业动机能够激发创业者在创业活动中有意识地寻找创业信息、识别创业机会、整合创业资源并开发创业机会。其次，创业动机能够为创业者提供创业指向，引导创业者朝目标不断前进。最后，创业动机在复杂、艰难的创业活动中，能够帮助创业者维持信心和积极性，从而激励创业行为。总的来说，创业动机不仅是个体创业行为发生的起点和推动力，更是创业者克服困难、继续创新行为的心理保障，创业动机在整个创业过程中起着非常重要的决定性作用。

（二）乡村致富带头人创业动机分析

马斯洛需求层次理论指出，人的需要从低到高依次分为 5 个层次，分别是生理需要、安全需要、归属需要、尊重需要和自我实现的需要。根据马斯洛的需求层次理论，在研究乡村致富带头人创业动机时，将其归纳为两种需要的激励：一是经济的需要；二是社会的需要。其中，经济的需要属于较低层次的需求，主要满足生理和安全方面的需要，如衣、食、住、行以及健康、安全和职业，这是人的最基本的需要，也是人较低层次的需求。低层次的需求满足的唯一和基本手段是经济供给，乡村致富带头人创业的原始和基本的动机，主要是经济利益的驱使。其次是社会需要，包括尊重需要和自我实现的需要，涉及地位、认可、赞赏、尊重、独立、价值等。社会需要是乡村致富带头人在其基本需求得以满足后，所衍生出来的更高层次的需要。

对于乡村致富带头人而言，立足于社会需要尤其是自我实现需要的乡村致富带头人，比一般农民更能克服各种成败得失的影响而长期艰苦创业，从而实现创业成功。而对于以满足经济需要为目的的乡村致富带头人，当创业资本达到一定的积累后，其对于所拥有的利益、股权、权力更加渴望，从而容易陷入各种经济利益纠纷之中，从而导致其创业活动失败。

乡村致富带头人在其创业过程中，其创业动机是不断变化的，是各种内因和外因共同作用的结果。如乡村致富带头人在创业初期，其创业动机较为简单，追求经济利益是其主要创业动机，社会性动机不明显。随着乡村致富带头人不断成长并开始盈利，当其度过了高风险的初创期，基本经济需求得到满足时，其创业动机也随之变得复杂，社会需要随之成为驱动创业者创业的力量。

因此，乡村致富带头人首先要有强烈的社会责任感和实现自身发展的追求，为创业活动注入不竭的精神动力，从而取得创业成功。对于以追求经济利益为目的的创业者，在创业过程中，应根据创业活动的不同阶段调整自身的创业动机，提高自己的认知水平和识别创业机会的能力，不仅将创业作为解决温饱的途径，还应将创业活动视为实现自我发展和人生价值的途径，从而有利于创业活动持续稳定的发展。

二、乡村致富带头人人格特质

（一）人格特质的概念及理论

人格特质最早是专属心理学界的研究领域，但随着创业活动的不断深入及学科分界的模糊化，逐渐渗入创业研究中。人格特质表现为一个人潜在的思维、于不同情境下通过外在举动表现出的倾向性，而这种倾向性行为表现在变化的情境中，有着一定的一致性与连续性。可以看出，当前国内外学术界对人格特质的界定有一致的部分。也就是说，人格特质是一种相对稳定的、内化的个体心理特征，对个体外在的思维与行动方式有着影响。

20 世纪 40 年代，人格特质理论由美国心理学家高登·奥尔波特（1937）首次提出。奥尔波特认为，特质是组成人格的基础，是心理组织的基本构建单位，也是个体依据自己的生理因素形成的一种具有稳定性的性格特征。他将人格特质划分成共同特质和个人特质，而个人特质是首要特质、中心特质和次要特质的综合。卡特尔（1949）在奥尔波特的基础上，着手人格特质理论的实证研究工作。通过对实证材料的因素分析，卡特尔将人格特质归类为表面特质和根源特质，并总结出 16 种相互独立的根源特质，包括合群性、智慧性、稳定性、敢为性等。在此理论上，他还编制出“卡特尔 16 种人格因素问卷”

(简称 16PF)，从而更加充实了人格特质的理论内容。艾森克(1967) 采用因素分析法和实验法，对人格进行研究，认为人格可以通过多样的行为举止来表现。经过长期的实验研究和临床观察，他认为人格特质是由精神质、外倾性和神经质这三个维度组成的。而每个人的差异性，主要是因为这三个维度的轻重反映在每个人身上是因人而异的。根据这三个维度的人格特质，艾森克编制了艾森克人格问卷，即 EPQ。

Costa 和 McCrae (1985) 在前人理论基础上，对卡特尔 16 种特质进一步总结归类，提出了五大模型，即外向性、神经质、开放性、宜人性和责任感。其中外向性是指个体对人际关系的舒适感知度，高倾向者具体表现为热情、健谈、果断、个性开朗、积极乐观等；神经质是个体对压力的承受能力，高倾向者具体表现为忧虑、敌视、克制、敏感等；开放性是个体对新生或陌生事物的接受程度，高倾向者具体表现为好奇心强、智慧、想象力丰富等；宜人性是个体对他人的亲和力或顺从倾向，高倾向者具体表现为服从、朴实、谦卑、亲和等；责任感是对制度、信誉的重视程度，高倾向者具体表现为尽责、守序、拘谨等。这也是目前国内外学者应用最为广泛的人格特质模型。

(二) 乡村致富带头人人格特质分析

创业研究人员将人格特质引入创业研究领域并产生了创业者特质的概念，创业者特质一经提出，便得到了学者们的广泛关注，并作出了许多有益的探索。相关研究指出，成功的创业者通常具有某些特质，有些研究进一步指出创业者的某项特质与创业绩效、创业机会辨识及企业存续皆显著相关。一方面，创业者是普通个体，具备普通个体所共有的特质，另一方面创业者拥有区别于普通个体的特质，这部分特质可以被称为创业者特质。创业者人格特质是创业者所具有的不同于非创业者的（如性格、品质、习惯、态度、意愿或某种能力等）特点。

乡村致富带头人在乡村创业，是乡村创业者的核心，更是乡村创业成功的关键人群。对乡村致富带头人人格特质的了解和研究，可以更好地帮助乡村致富带头人了解和认识自我，从而开创成功的事业。

三、乡村致富带头人创业学习

特质论的研究侧重于从静态的角度去看待创业者的特质，强调创业者的创业行为是天生的，有些个体就是天生具备进行创业活动的特质，而有些个体天生就不适合进行创业活动，特质论的观点在学界越来越多地受到学者的质疑，学者普遍认为创业活动是动态的、复杂的，而不是天生的。

创业活动具有高度的不确定性，每个创业个体所面临的创业环境均存在极大的差异性。单纯地从特质论的角度，不能完全解释创业这一复杂的现象。创业者自身后天经验的学习以及技能的掌握，对于创业者的创业有着重要的影响。20 世纪 90 年代，创业研究从特质论转向过程论，用动态的视角解释创业问题，将创业看作一个连续的学习过程，克服了静态特质论的不足，过程论在近年来受到越来越多的学者的关注。

（一）创业学习的内涵

目前，学者们就创业学习的内涵还未达成共识，对创业学习内涵的理解还存在分歧。但是学者们普遍认同创业学习的结果，创业者进行学习的最终目的是利用所学知识创建企业，努力让新创企业度过存活期并实现快速成长。

（二）乡村致富带头人创业学习方式

如何学习、通过什么途径或方式来获取创业知识，是乡村致富带头人创业必须面对的现实问题。经验学习观是当前最经典也是关注最多的，即乡村致富带头人通过转化已学到的知识和经验，获得创业知识。学者 Minniti 和 Bygrave（2017）、Petkova（2008）等强调创业者的创业知识源于过去的经验，创业学习是创业者持续学习、转化经验从而更新其知识积累的过程。持该观点的学者认为，创业者的创业学习是一种试错过程，乡村致富带头人基于自身已经具有的经验，在创业过程中不断地尝试和总结，抛弃失败的决策，从而选择最有前景的决策。经验学习涉及创业者面对创业失败时的坚持，创业者的心理因素起着重要作用，特别是创业者的自信心在创业者的经验学习中起到关键作用，直接决定创业者的经验学习效率和效果。

另一种观点认为，乡村致富带头人创业学习是个体的一种认知过程，即通过不断观察他人的行为或结果，并将这些行为和结果通过认知加工，从而形成对自身创业有价值的知识和经验。该观点强调他人经验的重要性，特别是其他乡村致富带头人创业成功的经验，对当地的农民而言具有引领和示范作用。

情境学习（或实践学习）也受到了学者的关注，即创业者的学习发生于特定的环境或者独特的社会背景下，乡村致富带头人通过亲身创业实践，纠正已有的知识并获取全新的、符合现有情境的知识。实践学习强调了创业活动过程的不确定性，没有一套标准流程或者过程供其参考，从而保证创业取得成功。创业实践活动没有标准模式，一般情况下是创业者面对生活中的机会或挑战，刺激了其创业实践学习的产生。也有学者将乡村致富带头人与行业、社团或其他社会网络成员一起实践学习，获取深度的情境化知识称为网络学习。

经验学习观、认知学习观和实践学习观，分别从不同的视角关注了创业者的学习过程。事实上，经验学习、认知学习和实践学习，三者在创业知识学习过程中并不是完全独立的，三者之间密切联系、相互补充。乡村致富带头人在创业的不同阶段所面临的创业环境不一样，个体的直接经验和他人的间接经验，在创业过程中不能直接运用于创业的特定环境中，因此，乡村致富带头人不能过分依赖经验学习和认知学习来应对创业中的不确定因素，而是要通过采取行动来理解和摆脱创业困境，将先前掌握的知识和积累的经验应用于创业实践，在创业实践中，不断充实自己的创业知识，并提高利用创业知识的效率。

对于乡村致富带头人来说，一方面要重视人格特质的培养，另一方面也要努力提升创业学习能力，同时需要注意根据自身特点选择合适的学习方式，这样才能不断提升创业能力，促进创业成功。

第二节　乡村致富带头人创业能力过程要素

乡村致富带头人创业能力过程要素，是指在具体的乡村农场工作情境下，完成农场的具体工作任务时所需要考虑到的相关要素。根据陈春霞（2019）的研究，本研究中乡村致富带头人的过程要素涵盖乡村致富带头人农场生产管理、乡村致富带头人互联网创业营销、乡村致富带头人情境领导、乡村致富带头人财务管理4个方面。

一、乡村致富带头人农场生产管理

当前，我国农业和农村经济正处在一个崭新的发展阶段，中央针对农业发展做出了一系列的改革。2013年中央一号文件首次提出“家庭农场”概念，鼓励农村承包土地向专业大户、家庭农场、农民合作社流转；2014年中央一号文件再次提出要鼓励和支持专业大户、家庭农场、农民合作社等新型农业经营主体的发展；党的十八届三中全会指出，要加快构建新型农业经营体系，农业企业也加入进来。因此，我国新型农业经营主体包括4种形式，分别是专业大户、家庭农场、农民合作社和农业企业。这4种新型农业经营主体的共同发展，构成我国当前新型农业经营体系，是具有中国特色的现代农业经营体系。随着改革的不断深入，当前全国以新型农业经营主体为代表的乡村致富带头人，也在迅速发展和壮大。

（一）家庭农场的概念与地位

在上述4种新型农业经营主体中，专业大户和家庭农场是以家庭经营为主，而农民合作社和农业企业则是以合作经营、集体经营或者是企业经营为主。农民合作社和农业企业作为农业经营中提供服务的主体，服务是其主要职责（除了养殖业和特殊种植业外）。它们的主要功能是为专业大户和家庭农场提供服务，涉及产前、产中、产后不同阶段的农业社会化服务。若农民合作社和农业企业不为专业大户和家庭农场提供农业社会化服务，专业大户和家庭农场的经营就不可能实现规模化、集约化，其生产效率就无法提高。家庭经营在农业生产中居于基础性地位。离开了这个基础，所有农业社会化服务就变成了无源之水、无本之木。因此，乡村致富带头人创业过程中应首先加强家庭农场生产管理。

我国家庭农场是指以家庭成员为主要劳动力，从事农业规模化、集约化、商品化生产经营，并以农业收入作为家庭收入主要来源的新型农业经营主体。家庭农场包含 4 个方面的特质：一是规模化，区别于小农户；二是以家庭劳动力为主，不同于工商资本农场的雇工农业；三是具有稳定性，不同于承包农民土地的短期行为；四是进行工商注册，家庭农场属于农业企业的一种，不同于承包大户、专业户等，只有注册为家庭农场，才能便于识别和政府管理，以及给予政策支持。家庭农场是现代农业组织体系的基础，是我国乡村振兴中农业经营的方向。家庭农场不仅有利于农业生产的规模化、集约化、专业化和组织化，同时也有利于农业生产的现代化和稳定性，以及国家支农政策的实现。

(二) 乡村致富带头人农场生产管理的条件

家庭农场是农业现代化的重要组成部分。随着农业生产力的发展，继续从事农业生产的农民也将实现自身转型，发展成为具有现代化农业生产经营能力的职业农民，成为家庭农场经营的主体。家庭农场的创业主体是有文化、懂技术、会经营、会管理并将农业作为职业的乡村致富带头人。

乡村致富带头人相对传统农民或兼业农民来说，其必须具备以下条件。一是市场性。传统农民一般以追求维持生计为主，而乡村致富带头人则充分进入农业市场，具有较大的经营规模和较高的收入水平。二是稳定性。乡村致富带头人具有职业的稳定性，把农业作为其终身职业，且后继有人。三是懂经营、会管理。乡村致富带头人不是单纯地依靠传统的农业经营模式，而是运用更多的农业知识和技术，进行科学的农业生产和管理。乡村致富带头人不仅要有文化、懂技术，还要懂经营、会管理。农业生产经营中，也将更多地参与农业分工，如农场种植中，在翻地、播种、施肥、灌溉、除草、收割、销售、育种等各个生产管理环节，均会使用不同的农业机械和农业技术，或聘请专业的农业公司完成。同时，根据市场条件的变化，进行不同农产品生产经营的适当调整。四是拥有现代农业观念和社会责任意识。从农业生产的长远考虑，乡村致富带头人在农业生产中，要避免农业经营的短视行为，重视农业的可持续发展，要对生态、社会和环境承担相应的社会责任。现阶段我国乡村致富带头人受教育程度普遍偏低，因此，乡村致富带头人需要通过不断地再教育和培训，进行个人素养提升和知识积累。

二、乡村致富带头人互联网创业营销

（一）创业营销的内涵

20 世纪 90 年代以来，学者们提出了营销与创业的研究方向及二者的互动关系，认为应该根据学术和职业发展的需要，对原有的营销范式进行更新、适应与变革。创业营销是一种观念，传统的创业营销观念受到发展的挑战，新的创业营销观念在当下适应了时代发展的要求。

经过 30 多年的发展，创业营销的学术研究融合了相关理论与实践的关键要素，逐渐成为一个更加全面的概念。Morris 等学者（2002）提出，创业营销是“创业者通过创新风险管理、资源利用和价值创造的方法，主动识别和开发机会，以获取和留住高价值的顾客”。这一定义将创业导向和机会管理结合起来，并且与资源管理对应起来，对后续研究影响较大，现阶段有关创业营销的解释大多数是在此基础上进行修改调整。

与传统管理营销相比，创业营销在组织层面较少官僚化，在当前动态的环境中，具有更好的适应性，能够成为竞争优势的源泉。创业营销过程中，企业能够不断地审视环境，发现和创造机会、评估机会并且成功地开发机会以创造或者复制企业的竞争优势。创业营销其本质上为了更好地适应动态市场环境，应对日益多样化的顾客需求，创造性地利用各种资源而实施新的营销模式。由此可见，在创业营销中，乡村致富带头人的资源有效利用、机会识别与开发能力具有极为关键的作用。

（二）乡村致富带头人互联网创业营销的实施策略

互联网经济的兴起，给乡村致富带头人创业带来了新的机遇与挑战。而乡村致富带头人的创业营销理念为其在这种全新的营销背景下获取竞争优势，提供了有力的指导。一方面，互联网与创业营销适应动态环境是一致的，在有效应对多样化的顾客需求、创造性地利用资源特征、创新、风险承担、超前行动等方面在本质上具有一致性。另一方面，创业营销能适应互联网环境下的竞争同质化和迅速化特征。与传统环境相比，互联网环境竞争状况的变化特点要求企业实施创业营销：一是较低的市场进入壁垒；二是当前竞争环境比传统环境更加激烈；三是竞争焦点越来越多样化。因此乡村致富带头人在创业过程中要利用好互联网平台开展创业营销。乡村致富带头人互联网创业营销的策略包括以下 3 个方面。

1. 制订乡村致富带头人创业营销战略

乡村致富带头人必须加强自身创业能力，提升与其他竞争者之间的竞争力。同时利用互联网，对现有顾客和潜在顾客的需求做全面深入地了解。制订创业营销策略和营销计划时，具有较强的针对性和科学性，营销策略便于实施和控制，能真正实现营销目标。

2. 建立以顾客价值创新为核心的互联网创业营销模式

乡村致富带头人应关注不断变化的市场机会，迅速把握营销成功的机会。在互联网经济环境下，所谓机会实际上就是互联网消费者不断变化的价值诉求。另外，由于互联网条件下的消费者偏好变化迅速，导致经营者之间的竞争也日趋激烈，顾客价值创新成为互联网环境下乡村致富带头人获取竞争优势最重要的途径。所以，创业营销理念要求企业在进行互联网营销时，应该把顾客价值创新作为营销的核心内容。

3. 利用互联网充分挖掘乡村致富带头人外部资源

目前，大部分的乡村致富带头人互联网营销规模偏小，其内部的资源十分有限，在开展营销活动时，利用资源杠杆作用对于其快速发展尤为重要，而互联网给乡村致富带头人撬动资源提供了充分有利的条件。一方面，互联网可以帮助乡村致富带头人进行价值链或价值网的价值创造，乡村致富带头人可以通过互联网工具，利用外部资源来开展互联网营销活动。另一方面，互联网能有效挖掘顾客价值链的价值创造潜能。乡村致富带头人利用互联网更加容易获取顾客支持，让顾客更容易参与到农产品的设计以及价值创造流程中来，真正实现顾客价值链与农业企业价值链的有机融合。此外，乡村致富带头人可以通过互联网强化与顾客间的互动。乡村致富带头人可以根据顾客需求，提供特定的农产品和服务，从而满足顾客个性化的需求。一旦众多的顾客与乡村致富带头人建立了情感的链接，对乡村致富带头人的产品表示认同，并在行为层面上形成一定的顾客忠诚意识，那么乡村致富带头人的市场竞争优势就已经确立。

三、乡村致富带头人情境领导

（一）情境领导理论及模型

20 世纪 60 年代，美国行为学家赫塞和管理学家布兰查德基于科曼的领导生命周期理论，创立了情境领导理论，并在之后不断修正这一模型。情境领导理论认为，领导者所处的情境是在不断变化的，促使情境变化的因素是员工的工作能力和意愿，也就是员工的成熟度。这里强调作为领导者，对于员工的特征，应给予更多的关注和重视，根据情境的变化，采取不同的领导方式。通过其领导方式的匹配，从而促进其员工的能力成长，同时帮助员工建立、强化绩效导向的价值观，从而提升工作意愿。高效领导者的角色和职责就是帮助员工迅速、有效地推进发展阶段，通过一段时间恰当的指导、支持行为配合，使员工达到一定的自信度和能力水平，从而提高生产力和工作效率，成为高绩效员工。

情境领导模型简称 SLM，是情境领导理论的核心。情境领导模型是令领导变得更为有效的一种管理工具，它使领导者合理地利用与员工成熟度相匹配的指令性行为和支持性行为，从而有效提升员工绩效。其中，指令性行为强调作为领导者，应清楚地说明个人或组织的责任，并向员工清楚地说明工作任务与职责，如明确告知员工做什么、怎么做、何时做等。支持性行为是指不止有一个管理者时，领导者进行多方面的沟通，包括鼓励、倾听、询问和解释。这两种行为共同构成领导者的领导方式，形成具有 4 种不同领导方式的情境领导模型，如图 2-1 所示。

从图 2-1 可以看出，根据指令性行为和支持性行为的不同，可以

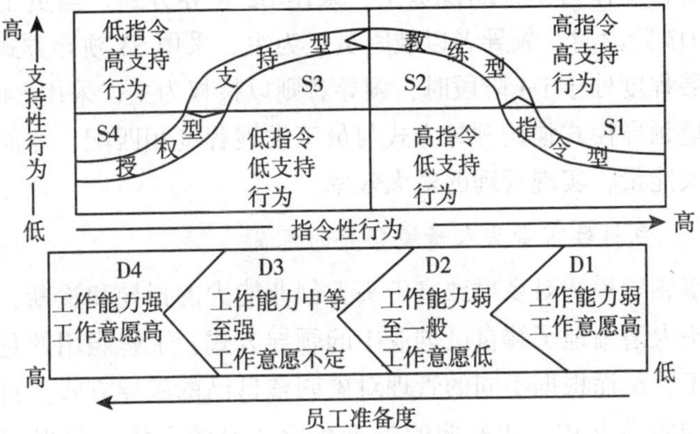

图 2-1　情境领导模型

得出四种领导方式。第一种指令型（S1），代表高指令、低支持的行为。领导者自己做决策，单向沟通。第二种教练型（S2），代表高指令、高支持的行为。领导者掌握决策控制权，在征求下属意见后再作出决定，并及时反馈给下属。第三种支持型（S3），代表高支持、低指令的行为。领导者一般鼓励下属自己去做，决策时集思广益，共同做出决定。第四种授权型（S4），代表低指令、低支持行为。领导者给予员工高度信任和放权，不做任何的规定，也不提目标和方法，放手让下属独立完成任务。

情境领导模型图下的员工准确度，将员工的工作行为和工作态度分为四个不同发展阶段，由低向高依次用 D1、D2、D3、D4 表示。能力和意愿是员工准确度的两个主要方面，能力指知识、技能、经验，意愿是员工对工作任务的信心、承诺和动力。依据能力和意愿两个属性，可以把员工分成四个不同阶段：D1 阶段，表示意愿较强，但能力不足；D2 阶段，表示意愿不足，同时能力一般；D3 阶段，表示意愿不足，但能力较强；D4 阶段，表示意愿较强，同时能力也较强。

情境领导模式是把员工的不同发展阶段与 4 种领导形态有机结合。领导者在实际的领导过程中，可以根据员工不同的发展程度，从而采取不同的领导方式。当员工发展程度处于 D1 阶段时，领导者明确指令员工，采用 S1 领导方式。当员工发展程度处于 D2 阶段时，领导者以解释工作为主，劝说员工，采用 S2 领导方式。当员工发展程度处于 D3 阶段时，领导者以鼓励员工为主，采用 S3 领导方式。而当员工发展程度处于 D4 阶段时，领导者则以授权为主，采用 S4 领导方式。情境领导模式强调领导方式与员工发展程度相匹配，才能发挥员工的最大能量，实现管理的最大效率。

（二）乡村致富带头人情境领导的意义

情境领导模式对乡村致富带头人创业能力的指导和诊断，使乡村致富带头人清晰地了解自己创业中的领导方式，了解雇用的是何种类型的员工，从而根据不同的管理对象调整自己的领导方式。目的是通过正确的领导方式，让雇佣的员工在所从事的工作上获得应有的绩效，达到预期的成果，而工作也能使员工感到满意，追求一种满足的成就感。因此，情境领导理论对于乡村致富带头人创业能力提升问题有着重要的启示。

第一，当雇员缺乏能力和动力时，乡村致富带头人的领导风格应该是给予雇员清晰明确的指导，采用 S1 领导方式，明示雇员应该做什么、怎么做，帮助雇员迅速成长。当雇员有意愿但缺乏相应的技能时，乡村致富带头人应该为雇员提供指导性的、支持性的帮助，以弥补雇员能力的不足，通过关心雇员使其主动成长。乡村致富带头人的雇员以农民为主，对于那些缺乏职业教育训练以及不适应工业化节奏的农民而言，乡村致富带头人可以通过提供职业技能培训，提升他们的职业技能。

第二，当雇员有能力但缺乏意愿时，乡村致富带头人可以采取支持型领导方式，即 S3 领导方式，与雇员共同制定决策，通过沟通和交流使雇员提升工作积极性。有研究指出，对于已经具备一定就业能力的农民而言，尽管能够实现就业，但由于自身的期望以及精神需求在企业中得不到满足，往往频繁离职，呈现一种打短工的趋势。这种情形，对于乡村致富带头人而言是一种人力资源的损失；对于农民而言，也不利于职业技能的持续提升。对此，乡村致富带头人如果能够提供一定的在岗指导，就会有效缓解这个问题。此外，乡村致富带头人在招聘到具备一定技能的农民时，需要帮助这些农民尽快适应新的工作环境，关心农民的心理需求。

四、乡村致富带头人财务管理

（一）资金周转周期长

乡村致富带头人的生产以农业生产为主，农产品的生产有特定的生命周期，除自身生长规律、农民劳作的作用外，农业产品的生产是以自然资源作为基本生产资料，其过程具有“自然性”。因此农产品生产周期长、投入成本高等特点使得乡村致富带头人资金周转速度较慢。

（二）经营性资金与建设性资金相互渗透

乡村致富带头人在农业生产中会不断扩大建设，加大资金投入，农业经营与基本建设同步进行，实现以短养长的目标。因此，乡村致富带头人的经营资金与建设资金在资金周转过程中是相互参与、融合的，从而使得乡村致富带头人的人力资源与自然资源能够充分利用，且能够提高生产效率。基于此，乡村致富带头人在财务管理中，应对经营成本资金与建设投资资金进行合理的管控，对经营性资金进行合理使用、清晰计算以及定期核算。

（三）经营性资金与乡村致富带头人个人收入相互交织

乡村致富带头人的农场作为自主经营、自负盈亏的经营主体，具有生产和生活两种功能，既要承担农业生产经营资金的支出，又要承担家庭生活开支，实现农场建设、经营与生活能力。乡村致富带头人的收入所得与土地资源、设备投入及人力投入结合起来形成的资金收入，因此乡村致富带头人的收入不能全部计入乡村致富带头人劳动所得的收入，而是要将资金用于维持乡村致富带头人农业生产经营所必需的费用以及维持其生活所必需的费用。这意味着乡村致富带头人应该区分生产费用和生活费用，在剔除乡村致富带头人生产经营费用后，剩余的资金才能用于家庭成员生活开支，这部分资金由乡村致富带头人自由支配，属于乡村致富带头人生产经营的净利润所得，因此，乡村致富带头人要能清晰核算经营性净收益。

(四) 乡村致富带头人会计实务处理较简单

乡村致富带头人经营的农场普遍规模较大，业务较复杂，多数乡村致富带头人都雇用了一定数量的劳动力，并引入了现代契约制度，这需要乡村致富带头人通过现代会计实务，提高其现代化经营水平。然而，乡村致富带头人的特殊性，决定了若要按现代会计制度进行会计核算，对于乡村致富带头人而言是一件极为困难的工作，且不符合现有乡村致富带头人成本收益原则。乡村致富带头人经营中的财务管理大多仅凭手账式的简单流水账，账务处理较为简单。而乡村致富带头人经营时间长，仅凭手账式的经济核算，账务管理不清楚。且部分乡村致富带头人由于生产规模及经营资金不足，对会计与财务管理不重视，对经营过程中的成本、投入、销售、利润等未进行明确详细的账务记载。因此，乡村致富带头人应着眼于自身经营实际情况，尽可能地在会计实务过程中寻求规范化与可操作化的平衡。

第三节　乡村致富带头人创业能力整体要素

乡村致富带头人创业能力整体要素是将创业任务放在整个环境系统中去认识，注重系统的复杂性、社会环境对乡村致富带头人工作的不同要求。乡村致富带头人创业能力整体要素具体为：乡村致富带头人二维决策力、乡村致富带头人开放式创新力、乡村致富带头人风险承受力、乡村致富带头人市场商机识别能力、乡村致富带头人关系资本积累以及乡村致富带头人社会责任承担等。

一、二维决策力

(一) 决策的内涵与过程

现代决策科学的创始人西蒙曾指出：管理就是决策，决策是管理的核心。组织远景的描绘、战略目标的确定、组织架构的设计、人力资源的确定，以及领导者面对市场做出快速判断、快速反应、快速决策、快速行动及快速修正的能力。决策能力是领导者维持组织生存所必需具备的基本能力之一。

21 世纪以来，农业市场发展迎来了新的契机，但同时也存在诸如违法犯罪、恶性竞争等市场现象，导致农业市场资源的利用率低下，乡村致富带头人随时会面临资金周转不良、材料供应短缺等经营问题，从而导致乡村致富带头人创业活动无法有效实施。面对这样的情况，乡村致富带头人如何准确把握市场机遇，识别市场危机与挑战，对于乡村致富带头人的洞察能力是一种考验。在面临市场重要抉择的时候，乡村致富带头人如果能够及时有效地做出决定，将新的思想和理念转化为实践，可能会取得创业的成效。决策并不意味着“一定做”，而是要根据市场环境以及自身所拥有的资源情况，综合决策做或不做，而这也是乡村致富带头人在创业过程中从意识层面转化为实践层面的重要环节。在面对日益变化的复杂市场环境时，乡村致富带头人只能有效地搜集、整合和分析各种信息资源，从而获得与创业过程密切相关的信息，降低其创业过程中的决策风险，提升其决策的有效性，真正实现在不断变化的环境下，提升良好的创业效果。

科学的决策过程是决策正确的基本保障。科学决策是有步骤的、有规律的，可行性研究不足、违反内部决策程序是决策失误的主要原因。泰罗认为决策有 4 个步骤，西蒙认为决策有 4 个阶段，德鲁克认为决策必须把握 5 个要素，如表 2–1 所示。

表 2–1　科学的决策过程

泰罗的决策四步骤	西蒙的决策四阶段	德鲁克的决策五要素
1. 发现目标的调查过程； 2. 调查后制定目标； 3. 为达到目标选择不同方案； 4. 评价结果	1. 收集情况阶段； 2. 拟定计划阶段； 3. 选定计划阶段； 4. 评价计划阶段	1. 确定问题的性质； 2. 找出解决问题的边界条件； 3. 找出解决问题的正确方案，以及满足该方案需具备哪些条件，然后再考虑必要的妥协、适应以及让步的策略，以期该决策能被接受； 4. 决策方案要同时兼顾执行措施，让决策变成可以被贯彻的行动； 5. 在执行的过程中要重视反馈，以印证决策的正确性及有效性

综合以上内容，乡村致富带头人创业过程中科学的决策过程，应该包括以下 4 个阶段。

1. 发现问题，确定目标

决策是从发现问题开始，首先确定问题是什么，然后根据具体情况做相应的处置。决策在实践过程中依赖经验和敏锐的观察力，从发现问题、提出假设开始，乡村致富带头人创业过程中发现问题有时比解决问题更重要。

2. 收集信息，确定边界

乡村致富带头人创业过程中的问题确定、目标明确后，紧接着的任务就是收集有关信息。收集信息一是印证问题的判断是否正确，二是对存在的问题寻找解决策略。因此，对信息的收集要全面，并进行分析，设计出可供决策选择的方案。在制订不同的方案时，要厘清有效解决问题必须满足的条件，即要执行这个方案需要哪些资源来支持、执行决策的人需要具备哪些条件等。

3. 评估方案，选择方案

评估方案是对乡村致富带头人创业中已拟定的方案进行利弊评价，这是一项综合评估的复杂工作，既要借用现代决策评估的模型与技术，也要考虑决策的艺术。选择方案是指乡村致富带头人通过对不同方案、不同意见的比较、分析而做出最终选择。

4. 执行方案，及时反馈

乡村致富带头人创业方案确定后，要进入贯彻执行阶段。在执行过程中，及时反馈是重要环节。及时反馈有助于检验决策的正确性和有效性，也有助于发现新情况，及时采取措施。任何决策都是在一定时间和空间条件下做出的，有着很强的时空界限。因此，乡村致富带头人创业决策需要科学判断和不断修正。

（二）乡村致富带头人二维决策力的内涵

从层次维度上，程愚和孙建国（2013）在研究商业模式的理论模型过程中发现，经营中的决策呈现出两个维度，即二维决策力。一是涉及经营全局并基于全价值链的决策，视为全局性决策；二是其他局限于价值链某一环节的决策，视为局部性决策。全局性决策与局部性决策之间是有机联系、配套的。在功能性维度上，白思迪、谢伟

(2008) 将 March (1991) 关于学习方式的分类应用到决策分类上，一是企业谋求新的资源和能力以适应新环境的开发性决策，二是以现有资源和能力适应现有环境的利用性决策。对于乡村致富带头人来说，其大小决策众多，对两个维度及四个象限几乎都能涵盖。乡村致富带头人二维决策的基本类型如表 2-2 所示。

表 2-2 乡村致富带头人二维决策的基本类型

维度	开发性决策	利用性决策
全局性决策	全局开发性决策： 农场市场定位 农场选址判断 经营模式选择	全局利用性决策： 建立合作平台
局部性决策	局部开发性决策： 农场品种选择 开发性建立团队 建立生产基地	局部利用性决策： 合作解决问题 处理危机

二、开放式创新力

(一) 开放式创新的内涵

创新是引领发展的第一动力，更是乡村致富带头人创业中的重要能力。经济学家约瑟夫·熊彼特认为，创业者的基本职能就是创新，强调在创业中，对生产要素进行新的整合。在过去，内部研发能力强的经营者是市场领先者，而仅仅依靠外部资源被认为是经营者的劣势。但随着全球一体化发展，研发的成本增加、产品生命周期缩短以及竞争的加剧，经营者完全依靠其内部资源进行创新越来越困难。全球化在广度和深度上的加速，塑造了创新要素的空间联系和相互运用，有利于经营者在全球范围内获取其所需要的有效资源，因此越来越多的经营者采用合作研发、并购、联盟、外包等方式，获取来源更为广泛的知识、信息和人才等创新要素。由此可见，乡村致富带头人若想在农业经营行业处于竞争上游，需要利用好全球化的平台不断创新。

（二）乡村致富带头人开放式创新的管理策略

从我国乡村致富带头人创新的现状来看，其实施开放式创新具有重要的现实意义。它不仅为乡村致富带头人提供了利用外部资源的机会，提升创新空间，而且带来了创新管理的新理念。但是，乡村致富带头人的管理策略是否得当，决定了乡村致富带头人能否从开放式创新中获利。因此，乡村致富带头人在创业过程中，要掌握开放式创新的管理策略，从而提高乡村致富带头人的创新效率。

第一，从开放式创新的实践方式来看，乡村致富带头人要根据自身积累的经验知识以及创新项目的复杂程度，选择有利于提高自身农业经营创新能力的开放方式。比如，选择种植难度较大、成本较高的农作物时，可以寻求外在的特定组织形成联盟，进行合作种植。如果农业管理需要获取外部的隐性知识，乡村致富带头人可以采用技术联盟、合作创新等方式。若某项技术属于乡村致富带头人创业过程中的核心技术范畴，则最好内部学习并掌握核心技术，应对市场的不可控因素。

第二，从开放式创新的内部支持系统来看，乡村致富带头人要建立良好的市场资源以及组织支撑机制。比如，从外部引进农场经营的前沿创意，整合内外部资源，从而获得创新的机会。开放式创新对乡村致富带头人创业过程中的经营战略、管理方式等都提出了新挑战。

第三，从开放式创新的外部合作组织层面来看，乡村致富带头人在创业过程中，应综合考虑其所经营产品的技术特性、外部组织的合作历史、外部技术投资市场风险等，从而更好地选择开放的组织模式。比如，与有股权关系的组织达成联盟或外包，与大学或科研机构成立联合研究中心，获得前沿的科学知识和技术指导。与外部农业企业合资共同开发创新新品种，对于乡村致富带头人内部创新能力不足，或无法单独承担涉及关键性、主导性技术的创新项目，是一个不错的选择，这有利于乡村致富带头人与合作方对创新项目拥有共同产权。

三、风险承受力

(一) 风险承受力的概念和内涵

无论是自然还是人为的，对个体而言，风险本身是客观的。但不同个体由于其主观状况存在差异，其应对风险或承受风险的能力也会存在偏差。风险承受能力多指个体在面对风险时，感知、价值观与心理特征交互作用，形成的应对风险的适应、调节和反应的一种能力，具体表现为：个体在认知层面感受到风险的概率大小、危害程度、可控性特征后，通过自我的调节做出能动反应，使其在风险认知、心理状态及行为方式方面，更加符合风险环境的要求和自身发展能力。

任何产业都存在风险，而农业相比于工业，又天然存在高风险特征。乡村致富带头人在生产经营的过程中，所处的自然环境、政策环境、经济环境，都具有复杂多变性。这些不确定性因素及乡村致富带头人采取的相应行为，会导致乡村致富带头人的经营遭受损失或取得风险报酬，影响乡村致富带头人创业目标的实现。因此，乡村致富带头人作为风险承担者，必须具备在不确定性环境中承受与应对风险的能力。

(二) 乡村致富带头人创业风险及管理

从创业过程的不同阶段来看，目前乡村致富带头人在创业过程中面临的风险包括创业投资前期的资源风险、创业投资中期的运营风险、创业投资后期的产品市场风险以及贯穿整个过程的环境风险。

在创业投资前期，如何获取资源及整合、配置资源是乡村致富带头人面临的主要问题。如果乡村致富带头人无法获取创业所需的全部资源，或者拥有资源后不能有效整合与优化配置，均可能导致创业结果与预期目标相偏离。乡村致富带头人创业需要的资源主要包括土地、资金、技术和劳动力。

乡村致富带头人创业投资项目开始生产运营后，其生产过程中的每一个环节都可能受到各种主客观因素的影响，由此给乡村致富带头人造成损失甚至导致创业失败。对于乡村致富带头人来说，运营风险主要表现为生产风险和管理风险。

市场风险主要是指各种因素导致的市场变化给乡村致富带头人带来损失的可能性。由于市场变化是多种因素综合作用的结果，要十分准确地预测和估计是很困难的，加之市场自身的盲目性、滞后性和自发性，市场风险成为乡村致富带头人风险分析的重要内容。

乡村致富带头人的创业活动是在一定的外部环境下进行的，外部环境的微小变化，通过各种传导机制放大后，均可能给创业者带来致命的打击。当前乡村致富带头人创业所面临的环境风险主要表现为自然环境风险和政策环境风险。

乡村致富带头人的创业风险如图 2–2 所示。

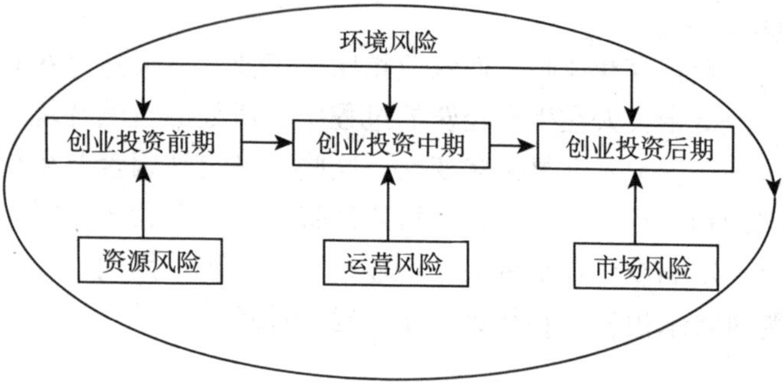

图 2–2　乡村致富带头人的创业风险

乡村致富带头人在创业不同阶段对可能发生的各种风险进行预测、评估、监控，进行主动、系统的风险管理，可以有效地帮助乡村致富带头人化解风险、降低损失，从而提高其创业成功的可能性。所谓风险管理，是指在创业过程中，为了识别风险和应对风险，采用各类监控方法与过程。乡村致富带头人可以通过“事前”及“事后”风险管理来提高风险承受力。

“事前”风险管理，是指在风险还未发生前，采取各种手段和策略，降低风险发生的可能性。一是风险规避。风险规避主要是针对创业项目选择阶段而言。当乡村致富带头人有意识地避免从事某种可能带来特定损失的活动时，风险就成功地被回避了。二是风险控制。当乡村致富带头人决定进行某种生产经营活动后，风险便伴随其整个创业过程。乡村致富带头人必须有意识地做出安排，积极面对潜在、隐藏的风险因素，并采取各种方法和策略，消除或降低发生损失的可能性。

尽管采取了各种“事前”规避风险、控制风险的策略，但是创业与创新的特点决定了有的风险是不可能回避的。若损失已经发生，乡村致富带头人必须采取“事后”策略加以弥补。乡村致富带头人的“事后”风险管理，可通过以下两种途径进行。一是风险损失承担。乡村致富带头人在获得投资回报、个人满足、社会认同的同时，也必须承担可能的创业失败导致财产受损的风险。当损失发生后，乡村致富带头人可以通过动用储蓄、减少消费、利用家庭关系网络进行借贷、变卖非生计资产等手段平滑支出，以渡过难关。二是风险损失的分散与转移。损失分散与转移是风险管理体系中的有效手段，当双方约定各自的权利和义务时，转移者便可通过某种形式，将风险可能带来的损失部分或整体转嫁给对方，以较好地保障自身利益。乡村致富带头人可依靠各种农民自治组织、成立有限责任公司、保险以及政府的制度安排，实现损失的分散与转移，提高风险承受力。

四、市场商机识别能力

（一）创业机会识别的概念

关于什么是创业机会或商业机会，具有代表性的有两种观念。一些学者认为机会是主观的或社会构建的，是一些新产品、新服务、新材料，甚至是新的组织形式，能够被引入生产并以高于其成本的方式实现销售。而另一些学者则认为机会是客观的。同时创业机会也有可能是一条信息集，从该信息集出发可以得到获取利润的途径。有关机会的讨论在经历了“机会主观本体论”与“机会客观本体论”的局面后，逐渐表现出在兼顾内外部环境的前提下向后者的回归。信息不对称导致的市场低效、技术革新、政治变革以及社会人口变化等，都被认为是创业机会的重要源泉。

不难发现，学术界对创业机会识别的界定主要分为两类：一类将其视为一个包含了机会发现、机会评价和机会开发等内容的广义过程；另一类则是相对狭义的界定，仅仅包括对创业机会的发现。

（二）乡村致富带头人创业机会识别的影响因素

机会识别对于乡村致富带头人创业过程而言，是驱动后续创业活动展开的关键环节，其重要性不言而喻。影响乡村致富带头人创业机会识别的因素有很多，既有乡村致富带头人个体的因素，也有环境的因素。下面将从乡村致富带头人个体、社会网络和外部环境三个层面进行梳理。

1. 乡村致富带头人个体

显然，乡村致富带头人个体作为创业机会识别的主体，必然会对这一行为产生影响。已有文献大都从人口学特征、人格心理特质以及人力资本等角度，分析创业者自身对机会识别的作用。其中，人口学特征主要包括创业者的性别、年龄、民族、婚姻等背景信息，而在众多的人格心理特质中，学者们则重点关注了创业者的创新性特质。

虽然学者们同样关心创业者的受教育程度对机会识别的影响，但关于创业者的人力资本状况，学者们显然对其中的先前经验更加感兴趣。近期，一些学者的研究成果还表明，先前经验丰富的个体有可能发现更多的创业机会，且先前经验还对所识别的创业机会的创新性存在显著影响。

另一个属于个体层面影响创业机会识别的重要因素则是创业警觉。创业警觉是当机会存在时，能识别机会的一种独特准备，它和机会识别呈正相关。创业警觉性由创业者的社会网络、先验知识和个性特质所决定。社会网络的存在及利用将影响机会识别的成功。创业者的个人爱好领域和从事的行业领域，如果能够交叉则会增加机会识别的可能性。行业经验中关于市场的先验知识、服务市场方式的先验知识、顾客问题的先验知识与成功识别机会呈正相关。创业者具备与自我效能相关的乐观性和创造性个性特质，将增加其创业警觉性。

2. 社会网络

乡村致富带头人的社会网络是影响其识别创业机会极为重要的因素。乡村致富带头人与网络成员的交往，能够拓宽个人的信息渠道，扩大接触到的信息数量。借助于社会网络理论，学者们主要从创业者个人社会网络规模、密度、结构、内嵌资源等特征出发，研究社会网络对机会识别的影响机制。

3. 外部环境

乡村致富带头人的创业机会识别，除了受自身和社会网络相关因素的影响之外，还受到外部环境因素的作用。当环境发生改变时，机会将大量产生，环境变化幅度越大，产生的创业机会越多，随后创业的规模会越来越大。影响创业机会识别的环境要素，即技术、市场、社会价值和政策法规，对环境特性的分析，为环境与机会识别关系的研究带来了更加深入的视角。

五、关系资本积累

（一）关系资本的概念

资本能够带来价值增值。20 世纪末，美国学者布鲁斯·摩根在对关系经济环境下的企业策略和价值研究中首次提出“关系资本”这一概念，并认为关系资本是建立在价值关系基础上的一种资源，在关系经济中具有价值特性。经济学家在布鲁斯·摩根的研究基础上，把关系资本理论运用到生产、运营、销售等各个生产经济活动中，为解释现代市场竞争优势提供了新的视角。但是单纯的“关系”并不能成为创业资产，只有将其潜在的经济价值发挥出来，才能成为对创业者有价值的关系资本。

总的来说，乡村致富带头人关系资本指的是与其有共同利益的主体（包括客户、雇员，以及与乡村致富带头人处于同一价值网络中的供应商、盟友、政府和银行等）之间，为实现其价值目标而建立、维持和发展伙伴关系并对此持续投资而形成的资本。

（二）乡村致富带头人关系资本积累的意义

作为乡村致富带头人创业的重要资源之一，关系资本在乡村致富带头人竞争优势的构建过程中，发挥着越来越重要的作用。

第一，关系资本可以创造良好的合作关系，扩大乡村致富带头人在市场竞争中的自主权。网络经济时代，乡村致富带头人经济行为是嵌入关系网络之中的，且越来越受到相关利益主体特定行为的影响。

乡村致富带头人通过建立稳定而长期的外部关系网络，然后在与网络成员互动的过程中，不断地增强彼此间的信任。通过有效沟通，合作伙伴之间可以更好地发现相互间的组织相容性，并对合作过程中出现的冲突进行有效的处理。换言之，关系资本能为乡村致富带头人带来难以替代的资源和能力，使乡村致富带头人在激烈的市场竞争中获得更大的自主权，从而取得竞争优势地位。

第二，关系资本有利于乡村致富带头人资源整合，扩大乡村致富带头人竞争优势的生成范围。与传统物质资本和技术资本相比，关系资本具备资源整合能力，主要表现在以下两个方面。一方面，关系资本可以使乡村致富带头人利用内部资源创造关系资金；另一方面，关系资本还可使乡村致富带头人充分利用其他组织资源而形成关系收益。乡村致富带头人竞争优势的构建，不仅受乡村致富带头人自身资源的多少和质量的影响，更多地则取决于乡村致富带头人资源的配置与整合效率、积累与发展水平以及超额价值的创造潜力。从这一层面来看，关系资本为乡村致富带头人及时获取各种所需稀缺资源提供了一条绿色通道。因此，关系资本打破了传统的资源配置形式，使乡村致富带头人在降低内部成本的同时，获得相关的外部利益，从而实现网络群体环境下的超额利润，为乡村致富带头人竞争优势提供新的来源。

第三，关系资本可以促进乡村致富带头人之间的信息交流和知识共享，有利于乡村致富带头人竞争优势的构建。网络经济时代，关系资本能为乡村致富带头人带来巨大的信息优势，乡村致富带头人可以利用其特有的关系网络，实现对信息资源的及时获取与充分利用。首先，高质量的关系资本有利于创造一个自由和开放的交流氛围，推动信息与专有技术的交流与转移，包括隐性技术知识的获取。其次，关系资本有助于提升乡村致富带头人信息资源的获取质量，增强信息的相关性，减少垃圾信息的数量。最后，关系资本所带来的乡村致富带头人开放性学习机制的建立，使处于合作网络中的乡村致富带头人或组织不仅可以相互学习新的技术知识，还可以通过网络成员间的密切联系与相互作用，促进思想和知识的创新。因此，以社会网络为载体的关系资本为乡村致富带头人的信息传递和知识学习提供了一个良好的交流平台。

第四，关系资本能够促进乡村致富带头人声誉的建立，全面提升乡村致富带头人竞争优势。为了建立和保持良好声誉，乡村致富带头人应充分考虑各利益相关方所关注的焦点，不仅要与这些群体加强沟通和交流，还要考虑他们的需要和期望。乡村致富带头人错综复杂的特定关系网络是经过长时间的培养和沉淀而形成的一种心理契约，基于长期关系的维持，乡村致富带头人必然会趋向于加强声誉的培养，减少合作交往中的机会主义行为，从而实现交易质量的提高。同时，多个主体间交易关系网络的存在，使得关系资本不仅可以降低乡村致富带头人的能力转换风险，而且有助于增强乡村致富带头人的创新能力，这在一定程度上降低了乡村致富带头人声誉培育成本，提高了培育效率。

六、社会责任承担

（一）社会责任的内涵

乡村致富带头人作为市场经济的一类组织，运用资本进行经营的主体，具有独立的经济利益，但乡村致富带头人不能独立于社会和环境之外而存在的属性，决定了乡村致富带头人的生存和发展，必须以承担一定的社会责任为前提。

乡村致富带头人在现代社会中，不仅是一个“经济人”，更是一个“社会人”。每一位乡村致富带头人在创业发展的过程中，都应关注农业生态环境保护、农民就业增收、农产品持续发展等社会问题，并积极履行相应的社会责任。邹萍（2018）认为，主动承担社会责任，可以帮助乡村致富带头人发展并萌生新的经济增长点。

（二）乡村致富带头人社会责任承担模式

乡村致富带头人创业一般会经历初创期、成长期、成熟期三个时期，处于不同时期的乡村致富带头人，承担社会责任的意愿、能力不同，侧重的利益相关者也不同。乡村致富带头人正确处理在不同发展阶段的社会责任问题，是实现其可持续发展的关键。

1. 初创期：依法生产和经营

处于初创期的乡村致富带头人，首要目标是生产并在农业市场上立足，为创业发展打下坚实的基础。该时期的乡村致富带头人主要有以下几个发展特征：一是生存能力比较弱，管理水平差，市场占有率低，很容易受到竞争者的攻击和排挤；二是农产品仍处于探索阶段；三是自身条件不足，生存环境恶劣，资金投入大且周期长，一般会出现资金严重不足的现象。该阶段是乡村致富带头人创业发展过程中最困难、风险最大的阶段。

处于初创期的乡村致富带头人以依法生产经营，提供合格的农产品和服务为基本责任。乡村致富带头人以合法经营获得利润，给社会提供合格的产品、服务，依法向政府缴纳税收，同时为社会提供就业机会，就满足了社会对乡村致富带头人的基本期望，承担了相应的社会责任。

2. 成长期：基于利益相关者的社会责任扩散

乡村致富带头人经过艰苦的创业初期阶段，发展到一个相对稳定的成长期，成长期的乡村致富带头人主要有以下几个方面的发展特征：一是拥有了属于自己的主导产品，生产能力呈现规模化，在市场上占有了一定的份额，销量开始出现大幅度的提升且销售开始盈利；二是产品在市场上逐渐呈现稳定趋势，比同类产品更有市场竞争力；三是农场内部开始形成比较规范的管理体系，乡村致富带头人实力不断得到增强，扩张欲望强烈，相应的生产规模和组织规模得到迅速扩张，融资需求扩大。创业成长期的乡村致富带头人已经发展到一个相对稳定的状态，发展目标重点也随之发生转移，蓄势扩展势力范围，寻求更高的发展，同时提升乡村致富带头人的整体综合实力。因而，乡村致富带头人无论是在自我认识上，还是在具体的行为能力上，都具备了承担更多的社会责任的能力。

3. 成熟期：锻造全方位的承担模式

处于成熟期的乡村致富带头人，其农业市场份额开始拓宽，农产品标准化提升，农场管理逐渐走向正规化，农产品的知名度和市场占有率都得到了较大的提升，形成了具有特色的产品甚至专属品牌；同时，处于成熟期的乡村致富带头人拥有了饱和的市场，收入更多地来源于老客户因信任而重复购买，因此提升品牌效应、推行差异化战略是成熟阶段的乡村致富带头人立足于市场的关键性选择。

在成熟阶段，乡村致富带头人要以社会责任信念为基础，承担社会责任。首先，乡村致富带头人在行业内互动履约，塑造本行业的模范带头形象。其次，乡村致富带头人要不断深化对村民的社会责任。乡村致富带头人作为村庄的一员，必须与其所处的乡村环境进行联系，彼此促进、共谋发展。当乡村环境发生变化时应及时作出反应，成为村庄活动的积极参与者。最后，乡村致富带头人要积极参与慈善公益事业，提升形象。作为乡村的“领头雁”，乡村致富带头人应有更加远大的社会目标，以提高社会公众利益为其责任，积极促进社会公正、支持社会公益活动等。

第三章　发展要有好思路

第一节　如何建设新农村

社会主义新农村建设（新农村建设）是指在社会主义制度下，按照新时代的要求，对农村进行经济、政治、文化和社会等方面的建设，最终实现把农村建设成为经济繁荣、设施完善、环境优美、文明和谐的社会主义新农村的目标。新农村的经济建设，主要旨在全面发展农村生产的基础上，建立农民增收长效机制，千方百计增加农民收入。新农村的政治建设，主要旨在加强农民民主素质教育的基础上，切实加强农村基层民主制度建设和农村法制建设，引导农民依法实行自己的民主权利。新农村的文化建设，主要旨在加强农村公共文化建设的基础上，开展多种形式的、体现农村地方特色的群众文化活动，丰富农民群众的精神文化生活。新农村的社会建设，主要旨在加大公共财政对农村公共事业投入的基础上，进一步发展农村的义务教育和职业教育，加强农村医疗卫生体系建设，建立和完善农村社会保障制度，以期实现农村幼有所教、老有所养、病有所医的愿望。

一、建设社会主义新农村就是建设农民的美好生活

（1）建设社会主义新农村是实现现代农业的重要保障。当前，我国农业生产基础设施和物质技术装备条件较差，经营管理粗放。只有加快新农村建设，发展农业生产力，加强农田基本建设，改良土壤，兴修水利，推广良种良法，发展农业机械化，培养有文化、懂技术、会经营的新型农民，全面提高农业综合生产能力，才能为现代农业的发展奠定重要基础，提供基本保障。

（2）建设社会主义新农村是繁荣农村经济，增加农民收入的根本途径。当前，我国农民收入较低，生产积极性不高，必须加快新农村

建设，挖掘农业内部的潜力，提高农业综合效益，实现增产增效；同时，必须加快农村二三产业发展，引导农村剩余劳动力向城镇有序转移，拓宽农民的就业空间和增收渠道。

（3）建设社会主义新农村是构建和谐社会的主要内容。构建和谐社会，必须首先建设和谐农村。这就要求我们加快发展农村各项社会事业，全面改善农村教育、卫生、文化等设施条件，逐步改变目前农村经济社会发展“一条腿长、一条腿短”的问题。因此，加快新农村建设，发展农村社会事业，是构建和谐社会的题中之意。

（4）建设社会主义新农村是全面建成小康社会的重大举措。实现全面建成小康社会的宏伟目标，重点和难点在农村。因此，必须按照科学发展观和全面小康的要求，用新农村建设来统领新时期的农村工作，坚持城乡统筹发展，走工业反哺农业、城市支持农村的道路，逐步改变城乡二元结构，努力消除城乡协调发展的体制性障碍，促进资源在城乡之间合理配置，完善城乡社会事业和基础设施共同发展机制，让广大农民像城市居民一样平等享有良好的生活条件。

二、社会主义新农村建设的要求

党中央提出要按照“生产发展、生活宽裕、乡风文明、村容整洁、管理民主”的要求，扎实推进社会主义新农村建设。

（1）生产发展。生产发展是新农村建设的中心环节，是实现其他目标的物质基础。建设社会主义新农村好比修建一幢大厦，经济就是这幢大厦的基础。如果基础不牢固，大厦就无从建起。如果经济不发展，再美好的蓝图也无法变成现实。

（2）生活宽裕。生活宽裕是新农村建设的目的，也是衡量工作是否有成效的基本尺度。只有农民的收入上去了，衣食住行改善了，生活水平提高了，新农村建设才能取得实实在在的成果。

（3）乡风文明。乡风文明是农民素质的反映，体现农村精神文明建设的要求。只有农民群众的思想、文化、道德水平不断提高，崇尚文明、崇尚科学，形成家庭和睦、民风淳朴、互助合作、稳定和谐的良好社会氛围，教育、文化、卫生、体育事业蓬勃发展，新农村建设才是全面的、完整的。

（4）村容整洁。村容整洁是展现农村新貌的窗口，是实现人与环境和谐发展的必然要求。社会主义新农村呈现在人们眼前的，应该是脏乱差状况从根本上得到治理、人居环境明显改善、农民安居乐业的景象。这是新农村建设最直观的体现。

（5）管理民主。管理民主是新农村建设的政治保证，显示了对农民群众政治权利的尊重和维护。只有进一步扩大农村基层民主，完善村民自治制度，真正让农民群众当家作主，才能调动农民群众的积极性，真正建设好社会主义新农村。

国家进一步强调“强农惠农，加快社会主义新农村建设”。

加快发展现代农业。坚持走中国特色农业现代化道路，把保障国家粮食安全作为首要目标，加快转变农业发展方式，提高农业综合生产能力、抗风险能力和市场竞争能力。着力强调要增强粮食安全保障能力；推进农业结构战略性调整；加快农业科技创新；健全农业社会化服务体系。

拓宽农民增收渠道。加大引导和扶持力度，提高农民职业技能和创收能力，千方百计拓宽农民增收渠道，促进农民收入持续较快增长。着力强调要巩固提高家庭经营收入；努力增加工资性收入；大力增加转移性收入。

改善农村生产生活条件。按照推进城乡经济社会发展一体化的要求，搞好社会主义新农村建设规划，加强农村基础设施建设和公共服务，推进农村环境综合整治。着力强调要提高乡镇村庄规划管理水平；加强农村基础设施建设；强化农村公共服务；推进农村环境综合整治。

完善农村发展体制机制。按照统筹城乡发展要求，加快推进农村发展体制机制改革，增强农业农村发展活力。着力强调要坚持和完善农村基本经营制度；建立健全城乡发展一体化制度；增强县域经济发展活力。

第二节　如何推进农业产业化

农业产业化是以市场为导向，以经济效益为中心，以主导产业、产品为重点，优化组合各种生产要素，实行区域化布局、专业化生产、规模化建设、系列化加工、社会化服务、企业化管理，形成种养加、产供销、贸工农、农工商、农科教一体化经营体系，使农业走上自我发展、自我积累、自我约束、自我调节的良性发展轨道的现代化经营方式和产业组织形式。它实质上是指对传统农业进行技术改造，推动农业科技进步的过程。农业产业化的基本思路是：确定主导产业，实行区域布局，依靠龙头带动，发展规模经营，实行市场牵龙头，龙头带动基地，基地连农户的产业组织形式。

一、农业产业化经营要“八化”

（1）市场化。市场是农业产业化的起点和归宿。农业产业化的经营必须以国内外市场为导向，改变传统小农经济自给自足、自我服务的封闭式状态，其资源配置、生产要素组合、生产资料和产品购销等靠市场机制进行配置和实现。

（2）区域化。即农业产业化的农副产品生产，要在一定区域范围内相对集中连片，形成比较稳定的区域化的生产基地，以防生产布局过于分散造成管理不便和生产不稳定。

（3）专业化。即生产、加工、销售、服务专业化。农业产业化经营要求提高劳动生产率、土地生产率、资源利用率和农产品商品率等，这些只有通过专业化才能实现。特别是作为农业产业化经营基础的农副产品生产，要求把小而分散的农户组织起来，进行区域化布局，专业化生产，在保持家庭承包责任制稳定的基础上，扩大农户外部规模，解决农户经营规模狭小与现代农业要求的适度规模之间的矛盾。

（4）规模化。生产经营规模化是农业产业化的必要条件，其生产基地和加工企业只有达到相当的规模，才能达到产业化的标准。农业产业化只有具备一定的规模，才能增强辐射力、带动力和竞争力，提高规模效益。

（5）一体化。即产加销一条龙、贸工农一体化经营，把农业的产前、产中、产后环节有机地结合起来，形成产业链，使各环节参与主体真正形成风险共担、利益均沾、同兴衰、共命运的利益共同体。这是农业产业化的实质所在。

（6）集约化。农业产业化的生产经营活动要符合“三高”要求，即科技含量高，资源综合利用率高，效益高。

（7）社会化。即服务体系社会化。农业产业化经营，要求建立社会化的服务体系，对一体化的各组成部分提供产前、产中、产后的信息、技术、资金、物资、经营、管理等的全程服务，促进各生产经营要素直接、紧密、有效地结合和运行。

（8）企业化。即生产经营管理企业化。不仅农业产业的龙头企业应是规范的企业化运作，而且其农副产品生产基地为了适应龙头企业的工商业运行的计划性、规范性和标准化的要求，应由传统农业向规模化的设施农业、工厂化农业发展，要求加强企业化经营与管理。

以上说明，农业产业化的内涵非常丰富，而且从这些丰富的内涵中，还可以引申出其他许多外延作用和意义。例如对乡镇企业产业结构和产品结构调整的作用，对新农村建设、小城镇建设和农村城镇化的推动作用等。

二、推动农业产业化发展要注意抓好四项工作

（1）发挥地方优势，因地制宜发展多种经营。推进农业产业化，首先要因地制宜，结合本地的资源优势，科学选准发展项目，如果盲目发展，一哄而上，就会造成资源浪费，侵害农民的切身利益。其次要选择比较成熟和已经成功的项目，农民支付不起实验的成本，只有选取在外地比较成熟的项目，依据本地资源和优势加以培植、巩固，才能降低产业化的风险，提高农民发展农业产业化的积极性，循序渐进地向产业化迈进。

（2）发展产业基地，依靠龙头企业推动产业化发展。龙头企业是农业产业化经营的核心，也是推动农业产业化发展的重要力量。要充分利用龙头企业的示范带动效应，发挥其人才、资金和科技优势，加强与龙头企业的合作，发展和壮大产业化基地，形成以龙头企业为基础的产供销一条龙的产业化链条，提升产业的市场竞争能力。

（3）加快土地流转，实现土地规模经营促进产业化。产业化需要进行规模化经营，必须是产业分工细化和生产专业化发展。因此，要

在稳定土地承包制的基础上，加快土地使用权合理流转，实现土地的规模化经营，集约化使用，提高土地利用效率，推进农业的产业化发展。

（4）开拓产品市场，打造地方特色品牌。产业化发展需要市场支撑，只有及时掌握市场供需信息，拓展和畅通产销渠道，才能维护农民利益，提高产品的市场竞争能力；只有依靠科技提高产品的质量和扩大产品的市场占有率，加强知识产权保护，通过注册地理标志，申请注册商标、绿色食品认证、ISO 9000 国际质量管理体系认证和国际有机食品 OCIA 标准认证等，才能有效打造地方特色品牌。

第三节　发展休闲观光农业

休闲观光农业，又称“休闲农业”“观光农业”“农村旅游”等，是将农业和旅游业结合在一起，利用田园景观和农业生产经营活动吸引旅游者前往观赏、品尝、劳作、休闲、度假的一种新型农业生产经营方式。休闲观光农业具有观赏性、娱乐性、参与性、文化性和市场性等特征，并具有经济、社会、教育、环保、游憩、医疗和文化传承等方面的功能。

一、巧打“休闲生态牌”，放飞山区经济

据青岛时报等媒体报道，每年初夏的青岛经济技术开发区柳花泊满目郁郁葱葱，果实挂满枝头，成为都市休闲和生态旅游的好去处。一大早，位于柳花泊珠山国家森林公园脚下的东花兰果品采摘园内，停满了从青岛和周边城市赶来的游客车辆，游人们在这里尽情地享用着美味的樱桃和杏子，欣赏着如画的风光，徜徉在采摘园内流连忘返，采摘园老板薛太会的脸上更是乐开了花，他说：“旺季时采摘园里一天就能收入 2 000 多元。”这是青岛开发区柳花泊街道办事处巧打“生态绿色牌”的一个缩影。柳花泊山清水秀，土壤及气候条件极适合发展花卉、苗圃、果园种植。针对目前瓜果采摘和花卉消费市场呈现出的广阔发展前景，政府引导农民因地制宜，将原来的果树种植变成了采摘园、果蔬观光园，将原来传统水果运输外卖的方式变为吸

引游客采摘品尝的新型生态观光农业，发展了樱桃园、桃园、核桃园、杏园300余亩，每年为果农创收20万元，并大力发展生态观光旅游，建设花卉示范园，开发大型休闲度假项目，新农村建设红红火火，农民收入大幅增加。如今的柳花泊，满目青峦翠山，处处瓜果飘香，居民安居乐业，青山绿树和古色楼榭交相辉映，勾画出一幅和谐优美的生态田园风光。

二、休闲观光农业，开辟农业新天地

（1）休闲观光农业延伸了农业产业链，拓展了农业功能。休闲观光农业是为满足人们对精神和物质需求而兴起的、可以为游客提供观、赏、习、品、考、书、画、摄、购等现代农业服务，是旅游业与农业之间交叉性的新兴产业。休闲农业让农业渗入旅游业，旅游走进农家，充分发挥了农业生产、特色产品和农村生态环境、人文历史等资源优势，使农业产业化得到了广泛的拓展，加速了农业产业化的进程。

（2）休闲观光农业美化了城乡环境，顺应了美丽中国建设的需要。在当前经济发展过程中，生态环境建设越来越受到重视，休闲观光农业集生态环境建设和农业发展于一体，为现代居民亲近大自然、体验农耕文化创设了平台。在当代美丽中国的建设中，休闲农业为美化城乡环境发挥了重要的作用，不仅为农村环境建设锦上添花，还为城市营建后花园，净化环境，美化城市。

（3）休闲观光农业丰富了城乡生活，满足了消费多样化需求。休闲观光农业是应当今社会旅游休闲消费需求而生的，并且日益展现了越来越大的市场潜能。休闲观光农业可以成为人们观光旅游、丰富农业知识、交流农业经验、体验农业生产劳动与农民生活、享用农业成果、利用田园休憩健身的场所和农业深层次开发的样板，人们通过休闲观光、垂钓等娱乐活动，身心得到恢复，休闲观光农业是一种有品位的高尚消费，丰富了城乡居民的消费生活，是前景看好的农业新兴产业。

三、休闲观光农业的类型

(1) 农庄经济型。主要依托自然优美的乡野风景，舒适宜人的清新气候，环保生态的绿色空间，为游客特别提供度假休憩、游乐、就餐、住宿等服务内容，满足游客回归自然，享受宁静安逸的田园生活需求。

(2) 园区农业型。兼顾农业生产，科技示范与科普教育功能相结合的休闲观光农业形态。如各种农业科技示范园区、无公害农业生产示范基地等。

(3) 特色产业型。以绿色、生态、自然的农业产业带和农业资源为载体，为游客提供观光、赏景、采摘、游玩等项目，使人们领略到生态农业的大自然情趣。如各种特色农业生产。

(4) 自然人文景观型。即挖掘当地丰富的人文资源，有效利用自然景观，开发探幽、访古、赏景等休闲项目。如四川都江堰、桂林灵渠、新疆坎儿井等古代水利设施探古休闲游乐项目。

(5) 农家乐型。以农民家庭为基本接待单位，以利用自然、生态与环境资源，农村活动及农民生活资源，体验生活为特色。如各种乡村度假游。

(6) 农业贸易型。是为利用各类大中型农副产品集散市场，商务会展中心及农产品加工园等把休闲观光内容与农业经贸活动有机结合起来，为游客提供休闲观光、优质农副产品采购等服务活动的休闲观光农业发展模式。如各种农贸会，农产品交易会等。

(7) 民俗节庆型。利用农村、农业的乡土民俗、节庆资源举办的休闲观光农业项目。如三月三歌节，五月五龙舟节，农历五月十四红瑶祭“盘古庙”，四月八“斗牛节”等。

四、发展休闲观光农业的条件

休闲观光农业是一种综合性的产业，具有农业、旅游业、服务业等综合性的特征，发展休闲观光农业需要考虑多方面的条件。

(1) 自然资源。发展休闲观光农业之前，必须对本地区的资源优势、区位优势和目标顾客（即谁来旅游）进行认真地调查研究分析，对于要发展休闲观光农业的模式要有明确的定位。要突出休闲观光农业的特色，突出农村生活风貌和丰富的乡土文化内涵，注重与游客的互动等，不要脱离本地自然资源实际，忽视了休闲观光农业本来就有的生产、生活、生态等多功能的特性，盲目追求大投资、大规模、高档次、高消费，只是建造过多的人文景观，让休闲观光农业变了味。

（2）建设条件。无论是哪种类型的休闲观光农业，要形成特色，有足够的看头，其投资往往要大于普通的种养农业，因此要发展休闲观光农业，首先要考虑的就是资金来源，如果资金来源没有着落，最好不要强行上马。其次要考虑的是土地问题，休闲观光农业往往需要较多的土地，只有有条件可以进行土地流转且不违反政策规定的地方，发展休闲观光农业才有可能实现。最后是要考虑生态环境条件，观光旅游势必会带来污染，因此在发展休闲观光农业时，不仅要考虑园区自身的生产生活带来的生态变化，还要考虑这种生态变化会不会对自身和周边环境保护与生态平衡产生不良的影响，是否有相关的环境治理配套措施和方案等。

（3）配套设施。一是要考虑气候与季节条件，由于农业的季节性较强，对气候的依赖性较大，因此休闲观光农业应及时根据天气情况和农业不同季节发展情况进行旅游线路、观光内容及价格等方面的调整。二是要考虑配套设施条件，休闲观光农业的发展，必须完善水、电、路、食、住、购物、通信等相关设施，实现生产、观光、住宿、餐饮、娱乐的综合配套。三是要考虑特色服务。特色是休闲观光农业的利润之源，千篇一律的休闲项目会让游客审美疲劳，因此在发展休闲观光农业项目时，应该多融入一些特色饮食、特色游乐等创意，以吸引更多的游客。

第四节　发展设施农业

设施农业是指农业生产上用改变自然的办法，来获得植物最适宜生长条件的方法。它能使植物地上部和根系环境得到改变，可以增加作物产量，改善品质，延长生长季节，并能使作物在不能生长的地方生长，在不宜生长的季节生长。因此，设施农业也被称为控制环境农业，即人工控制环境因素来满足植物最佳生长条件从而取得最大经济效益。空气、根系温度、光照、水、相对湿度、二氧化碳和植物营养等因素，都可以实行人工控制。

一、设施农业，特征明显

（1）“五高”农业。设施农业是生物技术、工程技术、环境技术等的大集成，是土地、资金、技术和劳动力等要素的大集中。通过利用人工建造的设施（大棚、厂房及相关设施等）来培育农业产品，摆脱自然束缚，有效控制动植物生长发育，提高农产品产量、质量，促进农业增效、农民增收。其经营涵盖了建筑、材料、机械、环境、自动控制、品种、栽培、管理、经营、市场等领域，是一种高投入、高技术含量、高产量、高品质、高效益的农业。

（2）“三化”农业。设施农业是机械化、智能化、标准化的农业，正在朝着由高新科技支撑的设施大型化、功能多样化、生产机械化、控制智能化、管理标准化、信息网络化方向发展，设施农业集中了众多现代技术，是高技术农业发展的方向。

（3）可持续农业。设施农业注重规模、质量、效益的有机统一，是规模、质量、效益协调发展的农业。设施农业把先进技术、优良品种、现代管理、市场信息运用到农业发展中，以高新技术引领农业发展，以提高经济效益、生态效益和社会效益为根本目标，是农业可持续发展的方向。

（4）集约化农业。设施农业以科技为手段，充分利用平面，推进立体发展，是一种复合式生产农业模式，通过挖掘土壤、气候和生物潜能，在有限的空间里生产更多的产品、发挥更好的效益、创造更大的价值，集约和节约利用土地资源，缓解经济社会发展中土地的供需矛盾，因而是平面、立体、科技“多维”利用的集约化农业。

（5）产业化农业。设施农业的本质要求是产业化经营。设施农业是产加销一条龙、贸工农一体化的农业。设施农业通过培植有优势、有特色、前景好的现代设施农业生产企业或企业集团，可以形成龙头带基地、公司连农户、产加销一条龙、贸工农一体化的生产经营模式。设施农业公司或集团通过培育专业营销组织、中介机构和农民合作组织，促进产销衔接、拓展销售渠道，既丰富了城市居民的“菜篮子”，又装满了农民的“钱袋子”。

二、发达国家的设施农业借鉴

发达国家在设施农业上花了很大的功夫进行研究，也取得了多方面的成就。举例如下。

（1）植物工厂是指一个密闭的建筑物，室内能控制温度、湿度、光照、植物营养、气体和二氧化碳浓度，清洁环境卫生，自动调节阳光和人力补充光照，可以最大限度满足植物生长的需要。目前世界上约有 30 个这种植物工厂，主要分布在奥地利、美国、日本和澳大利亚。每个工厂生产面积大约有 300 平方米，主要种植高档蔬菜。但因成本高，推广面积不大。

（2）建立在美国南部亚利桑那州的“生物圈 2 号”，是专门研究与世隔离的特殊设施，总面积为 158 公顷。按地球上热带海洋、热带雨林、沙漠、沼泽、灌木丛、草原及集约农业等 7 个区，用现代科学的方法生产作物。尽管存在不少问题，但“生物圈 2 号”的作物产量比普通生产产量高 16 倍。

（3）美国宇航局委托一些大学和研究机构，研究用最小的面积生产供一个人在太空中的必要食物，以及人的排泄物等的充分循环再利用。现在已研究出 6~14 平方米的面积，就能生产出供一个人需要的面粉、豆、薯、生菜、番茄、玉米等作物。

（4）南极人生活上最缺乏的不是粮食和肉类，而是蔬菜和绿色植物，智利和美国都已在南极建立温室生产蔬菜。虽然室外冰天雪地，但室内一片青绿，郁郁葱葱，美国考察人员都要求到温室里值班，以调节精神。中国也准备在南极建温室。

（5）发达国家无土栽培的营养液配制已实现自动化和计算机控制营养液的酸碱度和电导度，以及能根据太阳辐射强度来调整植物所需要的元素。而我国无土栽培的营养液配制，基本上还是人工调节。

（6）世界上设施农业最发达的国家首推荷兰，他们培育的多种作物，能在低温、弱光的外界环境下生长良好。北欧的冬季和春季，阴天多，晴天少，一个月难得有几个晴天，但他们培育的黄瓜仍结果累果，耐病，皮较光滑，适合于单果塑料包装。这种果实商品性好，放在室内常温条件下10天，仍然能保持品质新鲜。荷兰培育的番茄品种，在世界各地都表现良好，果型整齐，不易裂果，产量高。

第五节 成为一个新型农民

新型农民是相对于传统农民而言。传统的农民是农夫，农夫日出而作，日落而息，生产的产品主要用于自己消费，是典型的自然产品生产者。新型农民是指有文化、懂技术、会经营的农民，是通过市场配置资源，以需求指导农业生产又以新产品引导市场，并以商业活动为舞台的新生产者。

（1）新型农民是有目标的农民，应有较高的思想政治素质。几千年来，农民们过的是一种非常低层次的重复性日子。封闭自守，安于现状，恐惧风险，拒绝投资，逐代更替，造成了这个群体的狭隘与短视。而新型农民，应绝不安贫乐道，而是掌握或熟悉党和国家对“三农”及其相关工作的方针政策、法律法规，有发财致富的理想，有追求自由幸福生活的思想觉悟，有更高的利益诉求，既不迷信，也不盲从；同样，他们也不满足于机械重复的单调生活，而是有较高的思想政治素质，敢作敢为。他们敢于创造和追求新的生活，具有鲜明的创业精神、创业意识和新的就业观念，富有事业心，哪怕弃土离乡也义无反顾。

（2）新型农民是有知识的农民，应有较高的科学文化素质。传统农民没有也不需要掌握太多的科学文化知识，他们技术单一，生产主要是自产自销，也不懂得经营，不谋求更多的收益和更高的利润。而新型农民应该具有一定的科学文化知识，具有一定的现代农业生产、劳务经济等方面的一技之长，具有一定的经营管理、市场营销与产业创业开发能力，成为农业专业化生产、产业化经营，适应市场经济的高素质的劳动者和带头人，成为建设社会主义新农村的中坚力量。

（3）新型农民是有道德的农民，应有较高的文明素质。中国传统农民勤劳、朴实、善良，忍辱负重。新型农民既应继承传统农民的优良品行，更要有开阔的视野、新的道德观和现代文明生活习惯，有社会主义的荣辱观，知耻明荣，勤而致富，富而思进，进而文明。

（4）新型农民是有组织的农民，应有较高的民主法制素质。改革开放之前在计划经济体制下，一切经济活动由国家和集体来组织，传统农民缺乏必要的自主性、主动性、开放性和创造性，缺乏必要的独立判断和创造性思维，也缺乏竞争压力和利益动力。他们不在乎权利和义务的对等，既不懂得尊重他人，更不懂得如何维护自己的权益。新型农民能够用自己的眼光来看待事物，分析问题，懂得用法律手段来维护自身的权益，同时，他们也不再是一盘散沙，而是富于一定的组织性，生产经营及生活方式更趋于组织化。

概括起来说，新型农民应当是有文化、懂技术、会经营的新型劳动者，他们具备三个明显素质：具有较好的社会素质，自立自强、崇尚科学、诚信友爱、知法守法，讲公德、有道德、重美德、尚文明；具有较高的技能素质，熟悉和会用现代农业技术，熟练掌握一到多项生产技能和技巧；具有一定的经营和管理能力，能充分利用人、财、物和土地等资源进行生产并获得较高的经济收益。

（1）有现代文化知识。具备现代文化知识，是农民朋友在日新月异的现代社会中生存和发展的基本素质。作为新型农民，跟传统农民最大的区别就是要有现代文化知识，做一位新型农民首先要提高自己学习的自觉性和主动性。在业余时间里坚持学习文化科学知识，做到持之以恒。在日常生活中挤出时间多读书，多看报，多思考。同时，要多参加政府和社会为农民举办的各种文化培训班，有条件的农民还可以参加各种学历教育，以获得更高学历。

（2）有现代职业技能。现代职业技能是新型农民生存和发展的基本能力。新型农民应根据时代发展和今后工作的需要，掌握一门以上的职业技能。一是要参加各类职业技术培训。当前，国家有很多职业培训的项目，如阳光工程、雨露计划等项目，有的是免费的，有的还有各种补贴，农民朋友应该踊跃参加这类培训项目。二是要在实践中增长才干。要把学习职业技能与参加实践工作结合起来，切忌好高骛远，不切实际地异想天开，只有在实际工作中勤学苦练，才能熟练地掌握技能。要虚心向有熟练技能的人学习，依靠他们的传、帮、带，取得更快的进步。

(3) 有人生发展规划。新型农民要做好自己人生发展的规划，有计划有目的地发展进步。要结合自身实际，制定一个切实可行的人生发展规划，在分析自身条件的基础上，做到有明确的发展目标。同时，要确定自身的发展阶段，可以把目标的实现划分为若干阶段，从低到高，从易到难，形成一个发展过程，分阶段、有步骤地实现。此外，要制定切实可行的保障措施，用各种措施保障自己人生发展规划的逐步实现。

(4) 有良好的社会公德。社会公德是人们在长期生活实践中产生和逐步形成的道德规范，具有维护和保障社会生活正常进行的作用。新型农民不仅要具有现代技能，而且要学会做人，因此要遵守社会公共道德，自觉履行自己的社会责任，成为一个勇担时代责任、有益于社会的农民。

第六节　发展创意农业

文化创意：5 千克小米卖 1 000 余元。用江西景德镇特制的将军罐包装的一罐小米——“沁州黄”，总重 5 千克，售价 1 283 元。据介绍，该公司的小米硒含量特别高、氨基酸种类特别多，种植、加工全过程绿色，在包装方面还突出文化品位，请当代书画名家设计、特别订制，赋予了产品的收藏功能。

复古创意：手工土布带动百村致富。巨鹿县“七夕乞巧”土布工艺品专业合作社的展台，最吸引眼球的要数那台老式织布机。老式织布工艺复杂，从采棉纺线到上机织布，要经过 72 道工序，全部采用纯手工操作，制作出来的土布服装、床上用品、家居饰品等，具有很强的观赏价值和实用价值。

概念创意：方西瓜一个 400 元。在河南展区，大家看到的是方形西瓜。据介绍，这种方形西瓜市场售价一斤 40 元。一个西瓜 10 斤左右，也就是四五百元。

有的农产品的创意令人舍不得食用。在首都展区，北京文玩核桃的一位工作人员介绍说，他的两个叫“麦穗虎头”的核桃，售价 3 万元。他说，这还不是最贵的，最贵的两颗核桃几十万元。这种核桃虽然也能吃，但吃了太可惜，其金贵之处在于用来“把玩”，而不是食用。

创意农业是以市场为导向，以农业生产为依托，以创意为核心，以知识产权为基础，充分应用美学、艺术学、生态学、农学、养生学、景观学、知识产权学、休闲学、环境学、农业技术经济学、园艺学、市场营销学以及现代旅游学的基本原理和方法，指导人们将农业的产前、产中和产后等环节联结为完整的产业链条，将农产品与文化、艺术创意结合，使其成为具有“四高”即高文化品位、高知识化、高盈利性、高附加值，“四化”即智能化、特色化、个性化、艺术化，“五型”即审美型、文化型、娱乐型、科学型、观赏型的新型农产品；通过“三生”即创意生产、创意生态、创意生活，创造“三农”即创意农村、创意农居、创意农民，达到“六美”即美色、美形、美味、美质、美感、美境的目的，以实现资源优化配置，产生更高附加值，是促进农业增效、农民增收的一种新型农业生产方式。

（1）文化品位高。创意农业是具有浓郁文化气息的高品位产业。它通过农业与文化、旅游等其他产业的融合，依靠艺术手段和科学手段，运用创意思维模式将农业资源进行艺术化处理，使农业资源的文化内涵能够生动、形象地展示出来；创意农业充分发掘农耕文化内涵，突出农耕文化特色，用创意拓展农业的生产、生态、旅游、文化、教育等综合功能，使蕴含在农业资源中的文化潜能得以充分释放，充分展示农业的文化品位。

（2）知识化程度高。创意农业是应用农业新技术、新知识，依靠高素质、高技能的新型农业劳动者推动发展的现代农业，是高知识化的农业。创意农业的发展，要依靠推进农民的知识化，使从事农业的农民成为有文化、懂技术、懂创意、高素质的劳动者，能够发现和挖掘市场需求，并及时生产出创意农业产品。

（3）盈利水平高。创意农业是高起点、高投入、高目标、高质量、高安全、高产出的产业，它盈利稳定，属高成长性、高盈利性的朝阳产业。创意产业的生产模式新颖，综合经济效益高，农民收入快速增长。因此，发展创意农业，要通过改良品种、优化结构、提高创意水平、发展加工、培育品牌等全面提升农产品的吸引力与竞争力，并在此基础上促进农业的规模化生产、标准化管理、产业化经营、知名品牌带动。

（4）附加值高。创意农业采用节约土地的技术，最经济地利用不适宜耕作的土地，发展工厂化、专业化生产，着重提高单产，采用适合资源结构的农业技术，提高生产率；它通过采用资金密集、知识密集的生产方式，高投入，高产出，实现高附加值。因此，发展创意农业应着重发展经济作物、水产、畜牧业等附加值高的产业，并运用新的理念和先进的科学技术促进生产的升级换代，创新农业发展的经营管理形式，促进农民的增收。

创意农业，有人比喻“它能使1只鸡卖出1头猪的价格”。这个比喻让人咋舌，创意农业真有这样大的魔力？以下四川农村日报报道的相关案例也许对农民朋友会有所启发。

“实际上，创意农业就在我们每个人身边，而且有着巨大的潜力。”创新思维、特色制胜是创意农业的基本理念，创意农业是一种复合式农业，可以融合休闲农业、观光农业、体验农业、都市农业、生态农业、设施农业以及乡村旅游业等多种农业形态，通过注入新的科技、文化、功能因素，提升产品的价值与竞争力，创造农民独特增收模式，促进传统农业的转型和升级，是促进社会主义新农村建设，实现农业增产、农民增收、农村增美的新型农业生产方式和生活方式。

明白了这些，你是不是可以在创意农业上大显身手了？

第四章　农村致富带头人创业策略

第一节　借力策略

借力策略就是借用别人的势力、实力、影响力、号召力等来经营和发展自己的事业，常用的有四种方式：依存方式、借牌方式、代理方式和特许经营方式。

一、依存方式

由于大型企业在人力、物力、财力、信息等方面都具有优势，故小本创业者应学会在重视发挥自身特长和优势的同时，主动与有实力的大企业建立合作关系，最大限度地利用外部资源，借梯登高，达到双赢的目的。我们来看一个创业实例。

重庆琦璐文具连锁有限公司成立于 1997 年，刚创业时缺少资金，只有一个十几平方米的小店。该公司总经理杜健借力于重庆山城超市的实力而逐步发展壮大，现在已经有连锁店 30 多个，员工 200 多人，年销售收入近 5 000 万元，利润 400 万元左右。他是怎么运作的呢？有一天，杜建得知山城超市正在招租文具门面，他就抱着试试看的心态“入了伙”。由于山城超市的门面大、地理位置好、人流量也大，杜健第一个月就开始盈利，以后月月攀升，他初次尝到了甜头。后来山城超市的业务不断扩展，先从渝中区开到大坪，后又开到杨家坪，接着又是石坪桥、沙坪坝、观音桥……连锁店一家又一家地开，而且都很红火。这时杜健就在考虑一个问题：既然山城超市的生意这么好，那为什么不借势发展呢？于是，他下定决心跟着走。山城超市开到哪里，杜建就跟到哪里开分店，结果店店盈利。实践证明，他的决策是正确的。

实际上琦璐公司与山城超市是互相依存、共同发展的关系。山城超市最大的优势，也只是有资金和管理经验，搭建起超市这个平台后，还必须靠像琦璐这样的一个个小公司把门面撑起来才有钱可赚，事业才能发展；而像琦璐这样的小公司，同样也只有借助山城超市的大门面营造的人气才能产生效益，谁也离不开谁。这说明，小本创业借用别人的实力来发展自己，是可行且有效的。这种做法的优点是投资小、赚钱稳当，创业者在积累资金的同时，还能学到别人的管理经验。值得注意的是，借用别人的实力来发展自己，也不要一靠到底，到一定的时候，还必须择机脱离，独自展翅飞翔才对，琦璐公司就是这样做的。

没隔几年，北京华联、家乐福等大型超市都雄赳赳气昂昂地来到重庆，并在市内各地陆续开了店，这给山城超市和琦璐公司带来了巨大的冲击。鉴于这种形势，杜健果断决定改变发展策略，向农村进军，向边镇进军，同时，于 2002 年 2 月通过股权交换控股了重庆海浪超市有限公司，从此有了自己的卖场。现在，琦璐公司的主要业务开始逐步转移，并将原来完全依靠山城超市的做法逐步转移到依靠自己身上来。杜健决定向华联、家乐福等超市学习，把琦璐公司做得更大、更好。

二、借牌方式

借牌，就是与具有知名品牌的厂家建立合作关系，将自己生产出的产品贴上知名品牌的商标，然后进入市场自己销售，借者需交付贴牌费。品牌厂商为了降低生产成本、扩大产量，或者为了腾出手来开辟新的经营领域，也乐意接受借牌方式。有这么一句话：一流的企业卖品牌，二流的企业卖技术，三流的企业卖产品，当然，还有超一流的企业，他们卖的是标准。在这样一个品牌优先的时代，一个品牌的建立需要大量人力、物力的投入。但品牌一旦建立，就可以产生所谓的品牌效应，品牌本身就可以用来赚钱。加工商进行借牌生产，要的就是品牌的声誉和消费者的认同。江苏森达集团就是靠借牌生产发展起来的。

三、代理方式

搞产品代理，实际上也是借牌、借势，适合小本创业者。这里不再赘述。

四、特许经营方式

特许经营就是加盟连锁，实际上是借财大气粗的大公司作为靠山来发展自己，以减小投资风险，提高创业的成功率。在第一章创业选项中已有较详细的介绍，这里不再重复。

第二节　冷门策略

冷门策略，指的是创业选项时，不盲目追赶热门生意的浪潮，专找市场冷门下手，抢先进入市场、占领市场。

在投资创业初期，很多人由于不熟悉市场，往往是跟着感觉走，看到别人做什么生意赚了钱，就盲目仿效跟潮，也不考虑自身情况，听说电子商务很火，就马上想建个网站搞一把；看见人家开饭馆赚钱，也想开饭馆……这样，往往因为市场行情把握不准，或自己不适合搞这项经营，结果冲动投入造成血本无归。赶“热门”，是创业失败者的通病，真正成功者，决不去赶“热门”，而是留心发现商机，寻找“冷门”，通过自己的行为去创造市场、引导市场。

雨润集团董事局主席祝义才就是靠搞冷门项目起家的。1992 年，不到 30 岁的祝义才怀抱着干一番事业的梦想来到南京，就在沙洲乡的一个废弃厂房中建起了一条肉产品加工生产线。当时火腿肠之类的高温肉制品在国内市场正是红火，但是祝义才却没有选择这一开工就能赚钱的项目。他在对市场考察一番之后决定上马一个冷门项目——以火腿为代表的西式低温肉制品。他判断这一项目虽然风险大，但是利润空间也大，因为华东地区高档宾馆较多，却没有一家像样的生产低温食品的工厂。正是这样的超前决定，使雨润走上了一条成功发展的快车道，雨润火腿迅速在华东打响，到 1995 年销售收入就突破亿元，成为行业的领导者。如今雨润在低温、高温肉制品方面都遥遥领先，产业链早已延伸到生猪屠宰方面。在安徽阜阳、四川内江等地，雨润建立了生猪养殖和屠宰基地，带动了20多万农户走上了集约化养猪致富的道路，每户农户靠给雨润养猪年收入就能达到1万元，往往一个屠宰厂就能带动一个县的农民致富。

祝义才1992年创业，靠生产火腿起家，12年之后，“雨润”已经成为国内食品工业的代表品牌，年销售额80亿元。祝义才本人不仅成为省工商联副会长和第十届全国人大代表，也是新苏商的代表人物。

第三节　模仿策略

一位哲人说过：模仿也是一种智慧。如果你没有其他本事，但善于模仿，照样可以成就一番事业。

模仿让人听起来似乎不太好，但这的确是市场竞争的一个高招、一步妙棋，国内外许多成功的大企业最初也是走的这条路子。松下就是采取模仿战略一步步发展壮大起来的。松下幸之助出生在农村，只有小学文化，也没有太多的资金实力，开始时以生产电源插座为主并且做得很不成功。但是，松下在几年的经营实践中悟出了一个道理，就是模仿并改良别人的产品是最适合自己的发展之路。因为模仿、改良别人的产品成本费用降低，性能更为优良，市场更容易打开。这种“敢为天下后”的市场理念，对创业者来说，无疑是一个最好的借鉴。在我国，像海尔、联想、万科等，都是通过模仿其他优秀公司提高自身竞争力的典范，比如海尔学过索尼的制造，联想几乎是在HP模式下长大的，万科也曾经将索尼、新鸿基作为榜样。

我国大多数中小企业都是靠模仿起家，也靠模仿生存。大量中小企业都是利用相对落后的技术和工艺，生产容易模仿的、技术要求较低的普通商品，也通过模仿实现产品的更新。部分中小企业在模仿过程中能够逐渐更新产品品种，因而，企业也能够紧跟市场变化，实现产品的更新换代，在旧产品生命周期终结后继续维持企业的生存。中小企业不仅模仿大企业的新产品，中小企业之间也相互进行模仿。乡镇企业能够在部分地区集结，这应该归功于农民的模仿。可以说，农村乡镇企业的发展离不开能人的带动。领先者的示范和模仿者的跟随是中小企业形成集群的关键。所以，政府对企业成功的经验都广泛地加以宣传并鼓励中小企业积极学习模仿。

富顺人卖书在全国有一定的影响，在北京、长沙、郑州、西安、上海、广州、昆明等地的图书市场，均有富顺人的批发摊位。他们最先是在火车站附近靠摆地摊卖书，后来实力增长，开始打入图书市场。似乎富顺人都能干，一模仿就会，一带十，十带百，个个都做起了卖书小老板。据知，这些小老板中，每年收入几十万元、百多万的不少。

实践证明，模仿不失为一种投资少、风险小、盈利快的有效办法。

第四节　小而专策略

小而专策略，是根据企业规模小、资源有限等特点而制定的一种盈利策略。通过集中力量，选择能发挥小企业自身优势的细分市场来进行专业化经营。战略措施：选择目标市场，提高企业的产品开发能力，加强市场营销。这种战略建立在企业自身的优势基础之上，容易培养企业的竞争能力，企业的抗风险能力较强。梁伯强就是抓住了指甲钳这个小产品，一头钻进去，做精做强，而成为中国第一“指甲王”的。

杭州万向节厂就是靠搞“小而专”发展起来的。1979 年以前，杭州万向节厂除生产万向节外，还生产链条、石蜡铸钢等产品。1980 年后，国民经济调整，链条的市场急剧萎缩，万向节厂没有按上级的意图转产，而是下决心把已有 70 多万元产值的其他产品调整下来，集中力量生产市场紧缺的进口汽车万向节，搞专业化生产，并以此带动了大批国产汽车万向节的销售，一举占领了市场。以后，在此基础上又实现了产品系列化，所有的万向节都生产，扩大了国内外市场。走“小而专”的道路，使万向节厂从当初只有 7 个人、千元资产的小厂一跃成为拥有数亿元资产的大企业。

为什么说走专业化的路子是一种盈利策略？最简单的解释是，它能充分发挥小企业资金少、灵活的特点，集中全部力量，把一个产品做精、做深。你做深了，别人就很难跨进这个门槛来与你竞争，再说专业化生产，其组织形式比复合式生产要简单得多，管理也相对容易。在市场营销方式上，一旦市场打开，后期几乎不需要有太多的投入。成本得到降低，利润有大幅度提高。而在通常情况下，专业化生产一般最后都会形成独占性生产，至多是几个行业寡头同台竞争，行业间比较容易协调，从业者较易形成相互保护默契，有利于保持较高的行业平均利润。这是一个封闭或半封闭式的市场，不像开放市场上的产品，一旦见到有利可图，大家便蜂拥而入，利润迅速摊薄，成本迅速攀升，本来有利可图的产品很快就变成了鸡肋，人人都觉得食之无味，同时又觉得弃之可惜。

经测算，普通产品的生产者，如果其利润是15%，那么，一个专业化生产的产品，它的边际利润通常可以达到60%~70%。当一个企业进行专业化生产时，其多数成本都用在解决方案的开发和创意阶段，一旦方案成立，就可不断复制，并依照自己的意愿，确定一个较高的市场价格，因为你是唯一的或少数能提供该解决方案（或产品）的人，所以，市场对你的高定价根本无力反对。专业化生产的另一个方式是，以简单化带动大规模，迅速降低行业平均利润，使小规模生产者根本无利可图，从而不敢也不愿与你进行同台竞争。

专业化利润的另一个来源是专家，不但有研发方面的专家，还有生产和组织管理方面的专家、市场营销方面的专家。专业化生产，反复重复的过程，有利于迅速培养精于一个环节的专业人员。这里所说的专家与人们通常意义上所理解的专家有所不同，但这是一种更能产生和带来利润的专家。一般来说，这种专家型员工会比普通员工给企业多带来10%~15%的利润，这是专业化生产独有的好处。

通过以上分析，创业者要记住“一招鲜，吃遍天”这个市场认可的真理。

要从细分市场中去发现商机，然后搞专业化，以求得快速发展。

第五节　独创策略

如果你开发了一个有市场发展前景的独创产品，那你就能在短时间内获得很大的利润。

很多小企业发迹靠的就是独创策略。有的在快速获取高额利润的同时，还注意保护自己的知识产权，以获取长期、更大的盈利。生产“好孩子”童车的宋郑还总裁就是这样做的。近几年，“好孩子”童车在欧美市场大行其道，知情人称赞是专利使“好孩子”受宠于欧美家庭。

“好孩子”这个企业的前身是一家濒临倒闭的中学校办工厂。1989年，时任该中学副校长的宋郑还受命接手企业。在寻找生产经营出路的苦苦摸索中，1989年独创出了第一辆集“推、摇、坐、行”于一身的多功能的婴儿车，取名“好孩子”，并申请了专利，在国内市场一炮打响。从此，他们走上了一条不断创新，不断运用知识产权保护自己的永无止境的发展道路。从第一辆多功能童车诞生到现在，“好孩子”集团开发、拥有的专利已达1 000多项。1993年，“好孩子”成为中国市场童车行业的销售冠军。至今，据中国商业信息统计中心的报告，“好孩子”在中国市场的份额达到了65%，成为名副其实的童车第一品牌。

目前，“好孩子”已从一个优质产品发展成为一个包括童装、卧具等多项少儿产品，有10多个生产工厂的知名品牌，集团已成为外向型企业，工业园区占地1 000多亩，拥有员工10 000多人，年销售收入10多亿元，在全国设有42家分公司，在中国香港、美国和欧洲（荷兰）设有分部。

“好孩子”越做越火的秘诀之一是重视开发专利并保护自己的知识产权。

像童车这样门槛较低的行业，人们可谓千军万马、前赴后继参加开发，行业内恶性竞争特别严重。一个好的产品被人仿冒之后，产品就会被做烂，企业被做倒。针对这一问题，“好孩子”的战略就是不断创新，开发新的专利产品，让别人赶不上，同时坚决拿起法律武器保护自己的知识产权。“好孩子”的维权行动对行业的行风大有促进。有一广东企业，因仿冒“好孩子”吃了官司后，为不再与“好孩子”发生专利侵权纠纷，曾花大价钱调阅“好孩子”的专利文件，结果令其大吃一惊：“好孩子”有1 000多项专利，几乎每一个他曾想仿造的“好孩子”产品都有专利保护。他最终彻底放弃了仿造“好孩子”的想法，投入力量自行研制新产品并申请了专利。

独创的东西有优势，但也有很多局限性。

一是因为独创，即意味着“前无古人”，所以往往需要很大的研发费用和很长的研发时间。

二是因为独创，即意味着市场认知度不高，也即意味着打开市场，获取市场认同需要花更多的钱。

三是尽管事前你可能做过很细致的调查，但未必能肯定市场一定会认可你的独创产品。常常发生的一种情况是：你花了很多钱，花费了很大的力气拿出了产品，结果却不被市场所接纳。这样，你所有的投入就都打了水漂。所以说，依靠独创产品打市场具有很大的风险性。

四是由于对产品缺乏细致的了解和认知，国家有关部门很难对某一种独创性产品提供完善的保护，生产者将面临着诸多带有恶意的市场竞争，这种竞争经常会使独创者陷入困境。

保护和延长独创性产品的生命周期，延长利润产出周期的办法。

一是增强专利意识，积极寻求国家有关部门的保护。

二是增强保密意识，使竞争者无隙可乘。

三是进行周期性的产品更新，提高技术门槛，使后来者难以进入。

四是使企业和产品更加人性化，增强消费者的忠诚度。

五是有饭大家吃，在生产能力不足的情况下，积极进行授权生产或技术转让，让产品迅速铺满市场，不给后来者机会。这一点，一般不为经营者所注意，但却是一种十分有效的办法。

第五章　农村致富带头人创业模式

第一节　林下经济有搞头

林下经济是近几年农业生产领域涌现的新生事物，它是充分利用林下土地资源和林荫优势从事林下种植、养殖等立体复合生产经营，从而使农林牧各业实现资源共享、优势互补、循环相生、协调发展的生态农业模式。发展林下经济是个系统工程，林草、林药、林牧、林禽……形式多样、内容复杂，科学选择具体操作的突破口，靠山吃山很有搞头！

一、林下种菌

树上结果、树中挂袋、树下种菇，“傻瓜技术”助力家乡创业。在开州区厚坝镇田坝村村民陈华芝占地两亩的食用菌栽培地里，成排的鸡腿菇长得密密麻麻。

“以前种蘑菇被打击惨了，我有好多年都没动过栽培食用菌的念头。”此前，陈华芝曾在自家屋后的8分地里，率先尝试栽培食用菌，可是因为技术难以掌握，鸡腿菇长得零零星星，不成气候。

失败菌农为何又再次复出？原来，2008年，开州区金地农业开发有限公司落户厚坝镇，向村民推广“食用菌营养袋”栽培技术。

“现在，我们从公司买回的鸡腿菇菌种带得有一个营养袋，只需要覆土、浇水，就可以坐等收菇，就像泡方便面一样简单。”陈华芝说。

金地公司的总经理祁秋中，原本在外打拼，是北京一建筑公司的老总。

2008年，因年迈的母亲患上了胃癌，为了便于照顾，祁秋中决定将事业重心转移到家乡来。经过多方考察，他选定了食用菌种植项目。

祁秋中了解到，开州区过去有不少的食用菌基地，但都未能成功，其原因在于种植技术不过关。

能不能搞一种简单易行的种植方法呢？沿着这个思路，祁秋中以年薪 18 万元的高薪聘请专家，组建了科技攻关组，在厚坝镇搞起了“种植试验”。

堆沤、发酵、点种是食用菌种植最大的难题。经过半年多时间的试验，将这些技术难题一袋装的“食用菌营养袋”问世，农户只需将菌袋埋入土中，经过一定条件下的浇水施肥等管理，就可定期收获。这种简便快捷的种植方式，被当地农民称作“傻瓜技术”。

“今年创收 10 万元没问题！”厚坝镇大坪村果农祁美彬说，他用金地公司的“傻瓜技术”，在自己 100 亩的柑橘园里种鸡腿菇和木耳，目前已开始采菇创收了。

“鸡腿菇只是我们公司的林下经济项目之一。”祁秋中介绍说，目前金地开发有限公司发展了柑橘果园 3 000 亩，并在果园内大做“文章”——果树上实施柑橘品种改良，培育优质锦橙；树干上发展黄木耳，将“木耳营养袋”一袋一袋地挂在树上培植；树下则种植鸡腿菇。

这样，秋季收获柑橘，春秋两季收获木耳和鸡腿菇，用后的木耳和鸡腿菇营养袋，又是果园上好的有机物肥料。

“一亩果园可种植鸡腿菇 4 000 袋，挂木耳 3 000 袋，仅菌类种植一年就可创收 1.5 万元左右。”祁秋中介绍说，公司的“食用菌营养袋”供不应求，还有远在中国香港、日本的公司前来考察、订货。

目前，祁秋中已与厚坝镇、竹溪镇等地近 5 000 多户农民达成了种植合作协议，由金地公司向农民出售营养袋，并负责提供免费的技术服务和产品回收，使其食用菌栽培面积达到 10 万亩。

二、林下养殖挖宝藏

造林养羊喂鸡“三箭齐发”。遍地的七彩山鸡，满坡的简阳大耳山羊。在石柱土家族自治县万朝镇万康村的山林里，鸡啼羊鸣，好不热闹。山林承包人、养殖户谭林长穿梭在林间，喂鸡喂羊，管林护木，乐此不疲。

林下养殖吃螃蟹。谭林长是万康村村民，是当地有名的返乡创业大户，也是全村尝试林下养殖的第一人。

万康村地处方斗山脚下，森林资源丰富，全村森林面积达5 000多亩。日前，谭林长对笔者说，他当初返乡发展养殖业就是看中村里这现成的资源。

2007年，谭林长从当地农民手中流转林地3 200亩后，从外地引进1 000多只七彩山鸡和100多只简阳大耳羊，开始了他的“致富梦”。

一段时间后，他发现在林下养鸡养羊，不仅投入少，而且畜禽的发病率也降低了。“林下养的鸡羊，吃虫吃草，经常活动，肉质好，受市场欢迎；产生的粪便又肥了地，对树木的生长也有好处。”谭林长说。

“现在，七彩山鸡的数量已经达到5 000只，大耳山羊已经有500多只。养鸡一年能创收12万~15万元，养羊能创收25万~30万元，加上木材，每年总收入在50万元以上。”他说。

一只羊赚300元。养殖场的管理人员刘万华说，林下养鸡养羊比圈养成本低得多。

半牧半圈的林下养殖模式养羊。本钱：一只30斤左右的断奶羊300元左右；饲料：草饲料为主（无成本），粮食饲料为辅（每只每天2两，成本0.2元，6个月一共需36元）；育肥期：5~6个月；市场价：活羊10元/斤，每只商品羊按70斤算，可卖700元。

除去人工、饲料和药品钱，每只羊可以获得纯利润300元。而圈养羊的饲料成本要高一倍，利润仅为100元左右。

林下散养山鸡。本钱：一只仔鸡约为20元；饲料：林下虫、草（无成本），粮食饲料（每只鸡每天消耗1两5，成本0.15元，4个月一共需18元）；生长期：4个月；市场价：活鸡20元/斤，平均每只鸡按5斤算，可卖100元。

除去人工、饲料和疫苗药品钱，每只山鸡可以获得纯利润20元左右。

林下养殖前景好。从万朝镇旁边通过的沪蓉高速公路，给谭林长的销售带来交通的便利。来自万州、主城及成都地区的客商纷纷上门收购，鸡羊供不应求。目前，谭林长正准备进一步扩大养殖规模，让村里更多的村民加入林下养殖这项产业中来。

万朝镇政府一负责人表示，该镇将通过帮扶谭林长这样的大户，发挥其示范作用，带动全镇的林下养殖业发展。

据了解，集体林权制度改革实施以后，调动了广大林农和社会各界投资林业的积极性，促进了森林资源流转，推动了林业产业快速健康发展。利用林地资源，发展林下经济成为山区农民致富的新路子。

第二节　另辟蹊径前途大好

谁说农民就只能种种地，养养鸡，随着农村经济的发展，农民生活质量的提高了，特别是现在的青年农民工，他们在外面闯荡，增长了见识，回乡后，他们不满足只在那一亩三分地里干老行当，所以开超市，办农家乐，养花草，这些以前农民想都不敢想的事，今天都变成了现实，而且前途大好。

一、集装箱农家乐

在九龙坡区含谷镇寨山坪的百亩山花旁，20 个六七米长的蓝色集装箱停放在砖块修砌的墩子上，围成一个四合院，这就是我市首个“集装箱农家乐”。

走进去一看，一个集装箱就是一间客房，每间客房约 13 平方米大小，内有两张床、一张沙发、一台平板电视，电源插座、灭火器、垃圾篓等一应俱全，显得规范又整洁。

“集装箱农家乐”的主人吕挺一边整理着客房，一边高兴地说，“游客们的赞同，让我觉得投资这个项目，没投错。”

2010 年年初，吕挺从沿海回到了自己的家乡，带回来“集装箱农家乐”这种经营模式，引起了不少关注。半年过去了，这个敢吃第一个螃蟹的人对自己的事业信心十足，“到寨山坪的公路修好后，我还准备扩大规模。”

沿海取经家乡用。吕挺是怎么想到用集装箱建农家乐的呢？

据他介绍，2005年，一位朋友邀他在汕头一农家乐聚餐，他到达聚餐地点的时候，只看见一片重叠成两三层高的集装箱，像个集装箱码头，走进去一看才知道是农家乐，当时觉得很新奇。后来，他在广州也发现有很多集装箱农家乐，有的还很个性化，在集装箱外面绘上彩绘。

由于用集装箱做客房，成本低，因此收费便宜，所以生意都很火爆。

2009年，金融风暴袭来，吕挺在广东番禺的小作坊订单减少，加上当地要修公路，又面临拆迁，他就关闭了作坊，打算回家。

5年多没有回过家的吕挺和乡亲们聊天时得知，家乡搞旅游开发已经好几年了，每次办节期间前来游玩的游客成群结队，人气很旺，但山上的农家乐接待能力有限，许多游客找不到地方吃饭住宿。

颇有生意头脑的吕挺发现了其中的商机，他决定回乡创业，在山上办一家农家乐。

可是，如果要修建房屋，不仅审批等手续烦琐，而且投资大，见效慢。这时，吕挺想到了集装箱农家乐。

集装箱变标准间。吕挺到寸滩、黄桷坪等码头打听，发现在内地要批量购买集装箱很不容易，只有零星的一两个，价格要卖到每个约2万元。此时，他与一个在上海跑海运的朋友联系，得知在上海批量买集装箱，货运到家，价格才1.2万元一个，于是，吕挺一口气就定购了20个集装箱。

山上杂草丛生，蚊虫多，地面湿气重，不能将集装箱直接放置在地上，吕挺就买来砖块，修建墩子、步梯。修建放置20个集装箱的墩子，光红砖就用了四五万匹。

请来师傅切割好门窗，用石棉、泡沫等填充好隔热层，再装上木板，粉刷乳胶漆，安好闭路电视线、电线。铁皮地板走动时有声响，吕挺又请来工人再垫上木板，铺上了地板胶。

经过一番改造，集装箱变成了整洁舒适的标准间。算了算账，20个集装箱标间，总投资花了100万元左右。

“嘿，真是稀奇，不走进来参观，还以为是一个集装箱码头。”合川的吴勇在电视上看到了集装箱农家乐的报道后，日前专程和朋友一起驱车前来体验一把，“跟酒店的标间没啥区别，挺舒适的。”

夏不热冬不凉。由于投资省了不少钱，集装箱农家乐的收费也比较实惠：实行包干制，有三个档次，每人每天分别为 100 元、110 元和 120 元。

“3—4 月山上的鲜花进入盛开期时，前来游玩住宿的市民络绎不绝，每周五至周日，20 间客房全部客满，需要提前电话预订。到了 7 月，也还有近 500 名游客前来体验‘住集装箱’的乐趣。”对目前的业绩，吕挺很是满意。

夏季温度这么高，集装箱外表的铁皮又是传热体，客房岂不是成了天然的“桑拿室”？对此疑惑，吕挺笑了，他介绍说，正是考虑到集装箱住宿的舒适度，他特意在集装箱内加了一个双层隔层，夏季隔热，冬季保暖。

“听说上山的路 10 月就要动工，要赶在明年名花观赏季前修好。”集装箱农家乐是今年寨山坪山上的一大亮点，但由于路况不好，吕挺的生意也受到了一些制约。如今，道路问题将得到解决，这让吕挺对自己的农家乐充满了信心。

“已经有两家知名的公司找我，准备将我的农家乐作为公司的户外活动中心，道路问题解决后，生意肯定将更加红火。”吕挺开心地说。

二、农民工开超市

4 年前，巫溪县文峰镇返乡农民工向荣，打算在镇里开一个超市。

“咱农村人世世代代都习惯了讨价还价买东西，你这超市里价格标得死死的，1 分钱都不少，谁愿意来买嘛。”消息传出后，被人当成了一个笑话。

在沿海打工开了多年货车的向荣就不信邪：“书上说‘销售靠的是终端为王’。如果超市行不通，怎么会在城市里流行起来呢？”

2007 年 1 月，向荣联合本地 5 位农民兴办的“乐万家”超市开张了。

超市的 160 多万元投资，是 6 位股东搜集家中所有积蓄，再加上贷款 130 多万元筹集起来的，房租、装修和第一次配货结束，仅剩下

2 000多元的流动资金。

“腊月还好，但旺季一过就陷入了困境。最低谷的时候每天营业额只有2 000多元，毛利200元，可员工工资、水电、房租、税收等开销一天就要近900元。”向荣说，“分析原因，一是农民还不接受这种购物方式，都习惯到外面的商店讲价还钱，以为赚了便宜；二是因为没钱，上新货不及时。”

这样的亏损状况，持续了3个多月。

“生意亏了得及时找问题呀，我们想去大超市学一学。可是，打电话去说想请他们教教管理方法、培训员工，人家话没听完就把电话给挂了。没办法，我们只好去‘偷师学艺’。”

股东们一有空就到家乐福、重百等超市，悄悄观察。从员工的着装、言行举止到货物的分类、摆放，“我们都从头开始学起。”向荣说。

随后，他们又从深圳购回专业超市管理软件，逐渐实现了人员管理制度化、货物管理数字化。

商品和服务质量逐渐得到了村民的认可，生意也慢慢好了起来。

有了经验，第二年年底，“乐万家”超市塘坊镇分店顺利开张了。

“生意做大了，人也更苦了。”胡志宪介绍，“货物回来后自己上架，冬天连棉衣都会被汗打湿，后来就准备两条毛巾，轮流垫在背上。”

随着超市的逐渐壮大，向荣等人的“野心”也更大了。

“乡镇的消费水平有限，不如把超市开到城里去，也赚赚城里人的钱。”经过近半年的筹备，不久前，第四家“乐万家”连锁超市在巫溪新县城开业了。

“现在四个超市每天的总营业额均在2万元以上，纯收入有1 000多元。”向荣说道。

诀窍一：玻璃墙上贴标语。超市面向街道的一面全部装修成透明的玻璃墙，将超市的经营理念制成宣传标语贴在玻璃墙上。“走正道、售正货、树正牌”等标语突出了超市的经营宗旨，起到了比较好的宣传效果。

除了张贴宣传标语外，玻璃墙还是张贴商品宣传单和悬挂广告横幅的好地方。

诀窍二：促销专区吸引人。设立促销专区，将搞促销活动的商品集中陈列在一起，方便顾客选购，是超市吸引顾客的一大亮点。

一些老顾客往往进门后就直奔促销专区，看看又有哪些商品打折。

诀窍三：运动专柜有特色。随着生活水平的提高，农村顾客对运动休闲类商品的消费需求不断增加，而集市上的低档次商品难以满足需求。

在超市内精心设置运动专柜，引进适应农村市场消费档次的品牌，在满足市场需要的同时，有效提升超市的吸引力。

第三节　特种养殖关键在市场

随着人们生活水平的提高，口味也刁钻起来，“野味”在餐桌上越来越常见，于是近年来特种养殖开始发展起来。由于特种养殖的成本普遍要高于一般品种，因此首先要搞好调研和考察。要从养殖品种、市场销路等多方面进行研究和考察，找准市场和销路后方可进行。同时要有可靠的信息，要搞清饲养品种的实用性、购进种源价的合理性和销路的可靠性。如果确定准备搞特种养殖了，最好先去联系好几个买家，制造提前消费，一般养殖成熟，销路已经通了。

一、特种珍禽养殖

近几年，野味越来越受食客欢迎，一些大城市的饭店、宾馆、酒家，把孔雀、香猪、鸵鸟、山鸡等珍禽作为佳肴列入菜单。在外打工的邢中友、张兰夫妇看准这一商机，于 2008 年返乡承包下 170 余亩山地，办起了这个养殖山庄。

目前，该山庄已投入资金 200 万元，养殖了孔雀、鸵鸟、香猪、七彩山鸡、黑凤鸡、贵妃鸡、珍珠鸡、鹧鸪等 20 余个品种，共计 8 000 余只，2018 年被评为“大足区农业产业化龙头企业”。2019 年，该山庄的纯收入预计可达百万元。

10 多年前，为了改变贫穷的命运，他只身前往广州打工。

在广州，邢中友凭着一股子闯劲在一家特种珍禽养殖公司找到工作，负责产品销售，与公司里的同事张兰相识、相恋、成婚。张兰负责珍禽的食物搭配、喂养和用药，两个人经常在一起钻研特种养殖方面的问题，很快成为公司骨干。

但是，邢中友却不满足于这些，回乡创业的欲望越来越强。

他从中央电视台、《半月谈》等媒体杂志上获知，在消费者追求新奇、健康食品的潮流下，野味食品的市场将非常广阔。而在重庆、四川等地，珍禽养殖才刚刚起步，前景光明。

2005年，邢中友回到家乡，在重庆及周边地区进行市场调查。经过多次往返考察，2008年，夫妻俩带着50只七彩山鸡、7只孔雀和10只黑山鸡回到了村里，办起了养殖场，邢中友既当老总又当工人，张兰既当经理又当饲养员。

“创业可不是一件容易的事。”刑中友对此深有感触，随便就举出了两个例子。

2009年3月，他在广州发现一商机——鹧鸪养殖。鹧鸪又称石鸡、红腿小竹鸡，骨细肉厚，肉嫩味鲜，营养丰富且养殖周期较短，很受养殖业主和消费者喜爱。

邢中友马上从广州发了300多只鹧鸪回重庆。可是，由于相关手续不完善，这批鹧鸪在运抵重庆后，被铁路局扣留一段时间。鹧鸪喜温暖，惧寒怕热，且胆小，易受惊吓，遇到响声或异物的出现就会不安，更不能长期困在一个空间里面。而此时山城的天气正是多雨季节，空气潮湿，温差较大，这批鹧鸪到山庄不久就全部死了，近6万元的本钱打了水漂。

原本希望这批鹧鸪卖出后能缓解一下资金短缺的经济压力，没想到反而是雪上加霜，张兰的心都碎了。

2009年5月，邢中友夫妇选了个好天气，将孵养的200多只孔雀苗移出保育区。然而，就在孔雀育苗移出来的第二天，天气突变，雷雨交加。地处山顶的养殖场停电，自备的发电机又坏了。顿时，整个养殖场陷入黑暗之中，一只只小孔雀在大雨中惊恐地四处乱窜。在风雨中，棚屋倒塌，不仅200多只小孔雀苗被全部冻死，山鸡也死了500多只，还跑丢了一些珍禽，损失达40多万元。

困难没有击倒这对年轻夫妻。他们互相鼓励，决不轻言放弃。

在邢中友夫妇的养殖山庄，除了珍禽，随处可见的还有茂密的南瓜藤叶，藤蔓中乖巧地卧着一个个胖乎乎的南瓜。

“这南瓜藤可是我们山庄的‘摇钱树’哦。”邢中友笑呵呵地说，“我租了这么大一片地，邻居们都怕我亏损，劝说我早点卖了南瓜，能挣回一点是一点。他们不知道我这南瓜的妙用。”

原来在夏季，养殖棚里气温很高，山鸡等珍禽的进食量、产蛋量及种蛋受精率、合格率、孵化率都受到严重影响。种南瓜，就是为了赶在夏季之前，让饲养棚撑上一把用南瓜藤叶做的遮阳伞。有了这把天然绿色遮阳伞的庇护，珍禽们的各种饲养指标都得到了显著改善。

“南瓜还是极好的饲料，含有丰富的营养物质和维生素 E，对提高珍禽的体质及抗病率、成活率，对其高产、稳产都有很好的作用。”邢中友说，他的南瓜全都用来喂养他那群可爱的香猪了。

为了帮助珍禽适应重庆的环境气候，邢中友动足了脑筋。

孔雀经受不起雨打风吹，夫妻俩就在山庄周围种树；鸵鸟喜欢吃广州的一种野菊花叶子，他们就弄来种子，在山庄里种下；重庆空气湿度大，孔雀容易得肠胃病，他们就精心安排健胃食谱，搭配上玉米、麦片、蚕豆等。

试验、失败、总结、改进，经过这一过程的多次重复，双雄特种养殖山庄在 2009 年年底终于初见规模了。

他们养殖的珍禽不光销往重庆主城、成都等地的大餐厅，就连周边区县，也经常有客户打来订货电话，还有乡邻以及主城、万州等地的一些养殖户前来拜师学艺。山庄慢慢热闹了起来。

2019 年，夫妻俩又租了 60 亩田地，对山庄的珍禽布局进行了调整，为进一步发展打下基础。

“凡是顾客想买的，我们就要能提供。”邢中友说，这是山庄的经营目标。

之后，邢中友又从广州引进了观赏性的珍禽香猪、红腹锦鸡等十余个品种。现在，他们的珍禽养殖场在渝西地区已经是规模最大、品种最多了。

二、活泉水养虹鳟鱼

“我自己找到了致富门路，咱土家人也能就近尝到美洲风味了。”日前，在石柱土家族自治县马武镇宝莲村金龙组泉水鱼养殖场，养殖场主人刘学兵一边捕捞肥硕的虹鳟鱼，一边高兴地说。

外出打工 4 年“偷”艺，刘学兵返乡后在当地政府的支持下，养殖美洲虹鳟鱼喜获成功。

刘学兵是石柱县南宾镇校场居委的居民。2004 年，他随朋友一起到成都务工，朋友进了一家厂，而一定想要学到一门技术的刘学兵，几经辗转，来到了一个虹鳟鱼养殖基地，当起了学徒。

从清洗鱼池开始，刘学兵的“偷师”过程用了整整 4 年时间。被刘学兵的满腔热情所感动，当地一位廖姓技术员经常给刘学兵以帮助，并在工余时间带他进育苗室实际操作。

2008 年，刘学兵带着技术回到了石柱创业。但是，要找到一个适宜虹鳟鱼养殖的地方谈何容易，若是人工制冷鱼池，不但造价昂贵，而且制冷用氟对水质也有污染。刘学兵一筹莫展。

2009 年 5 月，马武镇镇党委书记秦建红获悉此事后，找到了刘学兵。他带来了一个好消息：“宝莲村金龙组有个溶洞，洞内有一小溪，水质清澈见底。当地海拔较高，常年空气温度不高于 20℃，水温绝对符合你的要求，而且此处有一条村级公路通过，交通方便，这地方给你养虹鳟鱼如何？”

刘学兵听到后高兴得跳了起来，拉着秦建红的手说：“秦书记，这块地一定要留给我，我要是能养殖虹鳟鱼，定能带动当地群众致富，形成一个虹鳟鱼产业链。”

说干就干。选地、征地、建鱼池、修水渠，占地 6 亩，投资 70 万元的虹鳟鱼养殖基地很快建成了。2010 年 5 月 8 日，刘学兵从彭州引进了虹鳟鱼鱼苗。

7 月 19 日，首批美洲虹鳟鱼被送上了餐桌，受到了消费者的青睐。

一传十，十传百，一阵虹鳟鱼热在土家山寨蔓延开来。各地经销商、餐馆纷纷前来订货，忙得刘学兵不亦乐乎。

酷暑时节，外地游客慕名奔往黄水避暑，在餐桌前几乎都要点虹鳟鱼。

可是，这虹鳟鱼的生存能力特别弱，离开了特定的水源，便纷纷“亮出了雪白的大肚皮”。所以，众多游客为了一品这美味，只得专程来到宝莲村，让马武镇也沾了生态旅游的光。

据刘学兵介绍，每天都会有百余名外地游客前来参观、品尝。

刘学兵的鱼池 2019 年能产虹鳟鱼 100 万斤，当时市场价为 30/斤，除去鱼苗、饲料、管理和前期投资，2019 年能创利润 100 万元左右。

“明年我就能自己繁殖鱼苗了，这样能节省一大笔开支。另外我还准备再开一家农家乐，接待游客。”刘学兵说，没有当地政府的关心支持，就没有自己的今天，所以，自己一定要履行当初的承诺——带动村民致富。

下一步，他将聘请 6 个村民来渔场打工，教给他们虹鳟鱼养殖技术，待他们学成后，成立虹鳟鱼养殖专业合作社，让更多的村民一起享受这虹鳟鱼带来的“效益”。

秦建红也表示，该镇将积极配合，加大宣传力度，搞好养殖虹鳟鱼产业链。

第四节　养殖致富不是空话

养鸡养牛，作为农民来说谁不会？可要把它做成一项产业，里面的学问就很大。首先你自己的养殖技术要过关，要会选择优良的品种，还要加上自己细心地管理，才能确保养殖出的动物质量优良，好的商品才有竞争力。禽畜养出来了，能否有收益关键还要看市场。因此，搞养殖前，你最好做个市场调查——当地人的生活饮食习惯，经济消费行为，经济能力等，还要看看当地是否已经有人在搞这样的养殖，规模有多大。只有这样，养殖致富才不是句空话。

一、“放大抓小”育鸡苗

“我做过鸡苗孵化、养商品鸡，但都不是很成功。后来发现市场才是最终的向导，于是我‘放大抓小’，把全部精力都放在喂养鸡苗身上，事实证明，走这条路是正确的。”荣昌县河包镇雷拍社区的返乡农民工司绍华，在总结自己创业成功的经验时这样说。

司绍华 18 岁就外出务工，学习养鸡技术。

“最开始时，是学孵化鸡苗。当时条件很差，鸡苗是在煤油灯下孵化的，经常半夜三更还要守着煤油灯等小鸡孵化出来，相当艰苦。学了孵化之后，我又学养鸡技术，一直没有闲过。”41 岁的司绍华，提起自己当年外出打工学技术的经历时，感慨万分。

由于勤奋好学，他在短短两年时间里就学会了鸡苗孵化技术和养鸡技术。

在外打拼多年后，2000 年，他回到老家创业，搞起了鸡苗孵化。

“2001 年左右那段时间，搞鸡苗孵化很赚钱。但我学的是‘土技术’，鸡苗孵化量少，利润低，而新的孵化箱孵化技术自己又吃不透，经常出现鸡苗生病死亡现象。”

司绍华说，不得已，他只好调整方向，搞起了商品鸡养殖。一年出栏两批商品鸡，一批喂养 100 只左右，规模不算大，但利润还能维持全家 4 口人的生计。

司绍华并不满足于这样的小打小闹。

2008 年初，他再次外出，到大足、隆昌等地的大型养鸡场里去打工，想看看别人是如何养鸡、如何经营的。

不到半年，他便高高兴兴地回了家。“在这次打工过程中，我把自己的优势进行了对比分析，发现要想多赚钱，就必须扩大规模，但扩大规模就必须看准市场，不然卖不出去风险太大；而要把养殖风险降到最低，就必须搞出自己的特色。我决定‘放大抓小’，专心喂养鸡苗，不喂养商品鸡。”

2008 年下半年以来，司绍华以 1.5~1.8 元/只的价格购买体重 20~25 克的良种鸡，喂养 26~30 天，使其体重达到 1.2~1.8 斤后出售。

体重 1 斤多的鸡苗，抵抗能力更强，不易生病，在市场上很受养殖户的欢迎，价格可达 6~7 元/斤，除去饲料、兽药、水电费等成本，一只鸡苗利润可达 1~1.8 元。

司绍华一年要喂养鸡苗 16 批，一批喂养鸡苗 2 000~3 000 只不等，一年下来，他可以轻轻松松地赚到 6 万多元。

“以市场为导向，搞自己的特色，‘放大抓小’，这就是我的成功秘诀。”司绍华说。

二、生态蝇蛆养鸡

提起苍蝇和蝇蛆，人们的厌恶之情油然而生，但在开州区镇东街道金果村三组的邵开伟家中，它们却成了致富“宝贝”——用它们喂养的鸡脂肪少，皮黄肉嫩；这种鸡产的蛋，胆固醇低，蛋白质含量高，氨基酸种类多，人在食用了之后，可以摄入需要的所有氨基酸。

邵开伟介绍，苍蝇是用奶粉、红糖、鸡蛋喂养的，蝇蛆是苍蝇在麦麸里育出的，因此既无激素，又无农药残留，是难得的高蛋白绿色生态昆虫饲料。

2000 年上半年，邵开伟在开州区的养鸡大户家边打工边学习养鸡技术，几个月下来，他就掌握了成熟的养鸡技术，也萌生了自己养鸡创业致富的想法。

为了凑足办养鸡场的本钱，他回家将体弱多病的父亲安顿好后，只身到浙江台州一针织厂打工。5 年后，凑够 4 万元的邵开伟正准备回家创业，父亲突然病重，为了给父亲治病，他不仅花光了所有的积蓄，还向亲戚和邻居借了 3 万元，然而，2 个月后，父亲还是过世了。他不仅要承受失去至亲之痛，还要偿还欠下的一屁股债务。

为了还债，2006 年 1 月，邵开伟带上妻子又回到了台州的针织厂，他每天省吃俭用，拼命挣钱，暂时忘记了养鸡创业的梦想。

2006 年 4 月，邵开伟在 CCTV-2 的致富经栏目中，看到一研究所用苍蝇育蝇蛆喂养蛋鸡的介绍，一只蛋鸡一年能产生 60 多元的纯收益。

为了圆自己的梦想，他花了 100 多元车费从台州赶到江苏镇江，找到了这家研究所，但该所不为个人提供技术培训。回到台州后，邵开伟不甘心，想办法进到所里学习了 1 个月的蝇蛆养殖技术。

万事俱备，只欠东风。邵开伟下定决心，一定要尽快挣到钱回家开办养鸡场。为了挣钱，夏天高温，他和妻子加班加点织衣服；冬天寒冷，他兼起了工厂里的杂工活；为了省钱，他和妻子住进了用薄膜搭起的工棚。

到2008年底，邵开伟还清了所有欠债后，还攒下了1万多元。临走时，他花了1 000多元购回苍蝇种，回家后又向亲戚和邻居借来4万多元，租了13亩地，买回空调、蚊帐布、育蛆框，建起了“生态蝇蛆养鸡场”。

2009年4月，他购回了第一批1 500只鸡苗，开始了养鸡创业。邵开伟的苍蝇养殖室中，用蚊帐布和木头做成的24个蝇蛆培育笼里，全是黑压压的苍蝇。笼内有一个装着麦麸的盆，是蝇蛆的培养基地。

邵开伟介绍，一个蝇笼至少有3万只苍蝇，苍蝇繁殖速度惊人，可以根据鸡的饲养需求量来控制，每天最少可以产蝇蛆2千克。

邵开伟戴上经消毒处理的手套，将装有奶粉、红糖、鸡蛋的盘子放进蚊帐，“嗡嗡”的声音响了起来，苍蝇迅速将盘子覆盖得严严实实。

“苍蝇吃饱了，喝足了，就在蝇蛆盆里产卵。”

邵开伟说，每只鸡每天蝇蛆摄入量保持在5克左右，过多会营养过剩，导致鸡不产蛋或不长个。蝇蛆养鸡能缩短鸡的成长周期，一只小鸡出栏只需3个多月，批发价在10元左右，比普通肉鸡的批发价高2元；蛋鸡4个月就能产蛋，蛋的批发价格1元一个，比普通鸡蛋高出一倍多。

“这种鸡脂肪少，皮黄肉嫩，味道鲜美，真是好吃。”镇东街道经济发展办主任田拥军赞不绝口。

邵开伟说，去年他出栏了3 000只肉鸡，存栏了400多只蛋鸡，卖了8万多枚鸡蛋，净赚了5万多元，把欠下的所有债务都还清了。

2010年4月15日，邵开伟在镇东街道办的建议和资助下，将自己的鸡蛋送到主城鉴定。鉴定结果显示，用蝇蛆养鸡产出的鸡蛋，不但蛋白质含量高，氨基酸种类也多达32种。2010年4月23日，邵开伟成功注册了“丛林蛋”商标。

“有了自己的品牌，肉、蛋鸡的销路根本不用愁，酒店、鸡蛋贩子来订货的电话，每天都有。”邵开伟说，现在他发展的劲头更足了，打算在10月把鸡场扩大到20亩，达到年存栏蛋鸡5 000只，出售鲜蛋100万枚，出栏肉鸡1万只，年纯收入超过50万元的规模。

此外，他还将组建专业合作社，带动100户村民发展蝇蛆生态养鸡，免费对他们进行蝇蛆和肉蛋鸡养殖技术培训和指导，为他们提供产销一条龙服务。

“一个人致富不算富，自己富了，不要忘记曾经帮助你的人。”邵开伟表示，现在他生活好了，还要尽力带动村民富起来。

第五节　科学特种养殖土中“刨金”

其实我们脚下的土地蕴涵着无穷的能量，只要因地制宜选好品种，科学种植，土里是能刨出“黄金”的。

一、“山东大姜”带动村民致富

2010年3月，在外创业多年，积累了一定经济基础的徐卫国回到家乡秀山土家族苗族自治县溶溪镇，在梨园村租地150亩，建起了山东大姜种植基地。

“这里土质好，无污染，透水性好，是种姜的‘风水宝地’，看来今年是丰收在望了。”日前，在生姜地里，徐卫国高兴地说。

一亩姜地年纯收入达3.6万元。

“山东一号”大姜是利用常规诱变育种和生物技术相结合的方法，对山东大姜进行钴60放射源辐射处理，诱导其变异，再用组培快繁技术繁育出的新品种，和本地姜比较，它具有产量高、耐寒性强、易于储存（用地窖储存3年不烂）等优点，可以提早种植和延后收获，一年可种两季。

“4月下种，10月收获，平均亩产可达1万斤，以市场批发价3元一斤计算，可收入3万元，除去成本1.2万元，纯收入为1.8万元；一年两季，每亩纯收入就是3.6万元。”徐卫国说。

梨园村是我市的整村脱贫推进村。“这个村的老百姓穷，把基地建在这里是为了带动他们增收致富。”徐卫国说。

“山东一号”大姜种植成本高，大多数老百姓拿不出本钱或者不敢担当风险，徐卫国提出了农户提供土地，基地提供种姜、农资和技术，收获后与农户六四分成的操作模式。这样既解决了村民资金上的困难，同时也为他们规避了风险。

徐卫国掰着指头算了一笔账；按户均种植一亩，一年种两季计算，一年的纯收入就是3.6万元，这还不包括在基地的务工收入。这样，梨园村的500多农户实现万元增收只需要一年。

根据规划，到2012年，梨园村种植大姜1 200亩，可覆盖全村95%的农户。

徐卫国的大姜主要卖到国外，必须按照国家绿色标准进行生产管理。

梨园村土壤中的铅、铬、砷等均低于国家无公害标准，并且远离厂矿，水质优良，徐卫国已做好了长期种植的打算。

“大姜深加工搞头还大些，等规模做大后就考虑建加工房，加工姜片、干姜、姜汁、姜糖等，走一条集生产、加工为一体的路子。”徐卫国说。

二、莲花池里淘到金

“接天莲叶无穷碧，映日荷花别样红。”7月初，綦江区三江街道水口村的莲花池里，已是一片含苞待放的美景。

走在池埂上，村民朱子刚的喜悦溢于言表。种莲藕三个年头了，他不仅在莲花池里淘到了金子，还带领村民走上了致富道路。

多年前，朱子刚也像村里其他的青壮年一样外出打工，新疆摘棉花，浙江进厂做流水线工人，上海建筑工地上当小工……在3年的时间里，他辗转各地，收入却依然少得可怜，平均每个月只有1 000元出头，生活十分拮据。

2007年底，朱子刚回到家乡，决定不再外出打工，而是管好自家的两亩七分地。

春节那些天，他在田间地头转悠，发现村民大多数种植芋头、玉米和水稻，可是市场上卖价最好的却是莲藕。

那就种莲藕！朱子刚立即拍了板。3月初，他花了1 000元托人从外地买回200斤早熟良种藕，拿出自家的7分地做“试验田”，种下了73窝莲藕。

栽种、除草、施肥、打农药，老朱精心地伺候着，4个月后，莲藕陆续上市。由于上市早，批发价达到了4元一斤，朱子刚心里乐开了花。

更让老朱吃惊的是，7分藕池竟然让他挖了十来天才挖完，算下来产量高达4 000多斤。老朱把挖出来的藕一半背到市集上卖，轻松赚到了6 000元；另一半则留作第二年的种子。

首战告捷，尝到甜头的朱子刚决定扩大种植规模。

去年，他把村民弃耕的田地、弃养的鱼塘以每亩500斤稻谷的租金承包下来，决心大干一场。

“种莲藕可不能当甩手掌柜，特别需要小心管护，不能让鸭子进塘，不能让隔壁农田的除草剂浸进来，水源要保证充足……”谈起种植莲藕的体会，老朱滔滔不绝。他说，莲藕需要半年时间管护，半年时间销售。其中，7—8月早期莲藕上市批发价为4元左右，9—10月中期价格为2~3元，后期价格则跌至1元上下。

去年，他的莲藕亩产突破了1万斤，还没到收获季节，就有很多菜贩子打来电话预订，而且同村村民们纷纷到家里来商量买藕种的事情，并开出了每斤5元的高价。

结果，大部分莲藕都卖给了村民当种，剩下的也随行就市卖了好价钱。年底的时候，老朱一算账，发现自家存款超过了六位数。

今年初，老朱又跟村支书朱绍福商量，想动员村民出租成片土地，扩大种植规模。因为村里大部分青壮年已经外出打工，所以，23亩土地很快又集中到朱子刚手上。

种植规模翻了三番，村里人议论说，老朱野心大，不小心要栽跟头。

事实证明，这个担心是多余的。这不，莲藕才刚刚上市，就已经有5 000斤被该县文龙街道万兴村、石角镇白家山村等村民以5元一斤的价格预订当藕种子，一下子就有了2.5万元入账。

朱子德是朱子刚的堂弟，2008年春节打工回家，看见朱子刚种莲藕发了财，羡慕不已。去年年初，他从堂哥那里买了60斤种子在离家近的2分田里种下了莲藕。随后，夫妻俩认真管理，朱子刚也常常过来帮忙指导。收获的时候，两分地竟然产出了1 600斤。但他连一节莲藕都没有卖，全部留作种藕。

今年初，朱子德把自家的6亩地全部种上了莲藕，每亩产出近万斤，按照均价2元计算，毛收入可突破10万元。

跟朱子德一样，今年村里还有刘福万等十余户村民拿出自家的土地种莲藕，全村种植规模达到了50亩以上，增收致富有了新路子。

明年，朱子刚将再次扩大种植规模，全村的种植规模也将突破100亩。为了开拓销路，目前朱子刚正和村支书朱绍福、村主任王伟商量，打算成立莲藕合作社，大家一起抱团闯市场，打响水口村莲藕知名度，让水口村成为远近闻名的“莲花村”。

良种莲藕早熟又高产，产出是普通莲藕的两倍。由于长得浅（比普通莲藕浅一半），所以采收也较容易。

头年投入：1亩地一年租金为500元；每亩需要700斤藕种，每斤5元，3 500元；肥料钱1 000元，农药钱200元；耕地、栽种、采挖人工费800元。总计6 000元。从第二年开始，可以省去藕种钱，成本在2 500元左右。

莲藕产出：按照每亩产出9 000斤，市价2元计算，每亩毛收入有1.8万元。减去投入成本6 000元，每亩纯收入有1.2万元。但是从第二年开始，成本只有2 500元，所以每亩的纯利润可达1.5万元。

莲藕的管护比较简单，除了栽种和采挖时节比较忙碌外，其余时间较为清闲。闲不住的朱子刚便在旱地里栽种了1.4亩早熟糯玉米、1.5亩芋头和0.8亩四季豆，一个人管护很容易，每年轻轻松松赚到上万元。

对此，朱子刚笑着说：“这也是一种降低风险的方法，对吧？”

第六节　技术创新

科学技术是现代农业生产力发展的力量源泉，只有掌握现代科技，农业生产才能更好更快发展。农业生产离不开土地，土地是固定有限的资源，总量不可扩张，要实现农业生产快速发展，就必须充分利用科学技术，带动农村的发展，才能达到最大限度的增收。邓小平同志说过“科学技术是第一生产力，发展才是硬道理”，在“两翼”

农民“万元增收”的实践中，只有以推广农业新品种新技术为突破口，才能努力实现丰产增收。

一、佛手套种辣椒助推万元增收

“以前是佛手净作，由于佛手株行距都比较大，每到春夏时节，杂草丛生，佛手光开花不结果。今年按照乡上的统一安排，在佛手地套种辣椒，不仅佛手获得好收成，每亩还可收 1 000 多千克鲜辣椒，这才叫真正的一举两得。”2019 年 7 月 3 日，笔者在石柱土家族自治县黎场乡深溪村采访时，村民谭世华高兴地说。

佛手历来就有“果中仙品，世间奇卉”之美誉，极富药用价值和观赏价值，经济价值十分可观。黎场乡是石柱县的移民大乡之一，为了解决三峡库区产业空虚问题，通过前几年的努力，在全乡发展起了 5 000 亩的佛手种植园。辣椒是全县的主导产业，如何将两项产业做大做强，促进农户万元增收呢？

今年春，该乡党委政府结合全乡实际，对佛手和辣椒的生产习性进行了认真研究并发现：该乡的土壤、气候、温度、湿度都适合生产辣椒，季节在全县最早，至少比全县平均水平多采收 1~2 轮，产量和收入都高于全县平均水平。于是，推行佛手套种辣椒——在佛手地里种辣椒，在种植辣椒的同时，佛手也得到了较好的管理，即不影响佛手的长势，也不影响辣椒的生长，提高了土地利用率，实现“以园养园”。

两种作物套种，效果十分明显。“我在佛手地套作辣椒 1.6 亩，第一轮出售辣椒近 450 千克，收入 600 多元；在种植辣椒的同时，佛手也得到较好管理，普遍挂果，长势喜人，最多的一棵树挂果多达 47 个。”农户谭其植说，若按平均每个成熟果重量 0.5 千克计算，一棵树收入就可达 100 元，每亩收入可达 6 000~8 000 元，再加上辣椒生产每亩可收入 1 500 元左右，每亩总收入可达 8 000~10 000 元。

“仅此一项，全乡每年就可增加收入近 2 000 万元，再加上辣椒生产的收入，效益十分可观。”该乡党委书记周成红说，实现农户万元增收，对于黎场乡来说，抓住这个项目就够了。

佛手套种辣椒，不仅提高其产量和质量，还实现了立体种植，提高了土地利用率。现将佛手套种辣椒的技术归纳如下。

1. 科学种植佛手

首先是选择优质高产的佛手良种苗，购幼苗时，一般宜选购科研部门由专家们培育的良种为优，而且购苗时要择果枝扦插苗或嫁接苗。其次是选好基地下足基肥，栽种佛手时一定要选择阳光充足，排灌方便的带黑砂泥的沙质壤土，种植前把土壤深翻犁晒，使其充分风化、熟化，然后挖深、宽各 50~60 厘米见方的大穴，施入腐熟有机肥 30~40 千克和坑土拌匀作基肥。

2. 巧施肥严修枝

佛手施肥应根据树龄大小、生长好坏而定。一般头三年在 3—8 月每月宜施一次速效有机肥；进入盛果期后一年可追肥 3 次，分别在花前、幼果期和采果后及时施入麸饼、堆肥、人畜粪尿并加入磷钾肥或复合肥，尤其要注意施好冬肥。

3. 科学翻挖土地

春节后，铲除佛手树下的所有杂草进行堆熏，为让其充分腐烂，可在堆熏时适当撒施生石灰，再盖上泥土。一个月后翻挖土地，并均匀地将腐熟的杂草埋在土下，翻挖土地时离佛手植株 30 厘米外，防止伤及佛手根系。

4. 合理移栽辣椒苗

3 月末至 4 月初，将辣椒苗移栽至佛手基地。在前要再次修理一下佛手枝叶，将未结瓜果的突兀枝剪掉，同时对佛手合理疏果。栽植辣椒苗时要留足入林管理的通道，一般情况下距离佛手树 50 厘米左右。

5. 实时同步管理

在对辣椒进行常规大田管理时，一并实施佛手防病治虫和保果施肥管理。当进入 5 月辣椒开花时节，选阴天整体喷施 1∶5 000 尿素和氯酸钾液，亩用尿素和氯酸钾各 5 千克。

6. 适时采椒追肥

6 月初，开始采摘青辣椒出售，同时对佛手施用氯酸钾等催果肥，既催化佛手成熟，同时也为辣椒提供一定肥源，确保辣椒保果成熟。

7. 做好秸秆还田

8月末至9月初，辣椒采摘结束后，拔出辣椒植株均匀堆在空行内，待翌年春节后和杂草一起秸秆还田。

二、江苏大闸蟹万州落户

“真没有想到今年3月投放的蟹苗，才两个月时间就长到了一两多重了，还是科技养殖好啊！”5月23日上午，万州区新田镇东村农民张明军看着从池塘里捞上来的大闸蟹高兴地说。

江苏大闸蟹，又称中华绒螯蟹，是目前商品价值较高的水产品，该品种的生态养殖是江浙沿海地区推广较快的一项有较高综合经济效益的农户增收项目。近年来，尽管重庆、四川、贵州、云南等省市的水产部门和单位积极从江苏引种养殖，但都以失败告终。

去年，在重庆市科委、市农委和万州区科委、农委等部门的支持和指导下，重庆渔乐园水产公司利用江苏省南京市和高淳县对口支援万州区的契机，从江苏省高淳县农林水产局引进大闸蟹生态养殖技术，并以南京市科技局为技术依托，聘请高淳县水产局养蟹专家陈贤明为技术顾问，攻克了诸多养殖难题，成功开创了以养蟹为主，虾、鱼共养的科学生态养殖模式。同时，还通过科学饲喂管理，将大闸蟹生态养殖亩产提高到60千克，达到了江浙地区养殖大闸蟹的效果和效益。这一成果，填补了中国西部地区养殖大闸蟹的技术空白。

为了尽快将“大闸蟹”生态科技养殖模式进行推广，促进农户增收，万州区在新田镇东村发展了200亩虾蟹核心生态养殖基地。带动当地100户农户集约养殖，实施大闸蟹以及虾、鱼共养生态养殖，并于今年3月首期放养10万只蟹苗。

“按照目前10万只大闸蟹的长势，今年新田镇东村的200亩虾蟹核心生态养殖基地可望实现亩产1万元的目标！”重庆渔乐园水产公司董事长陈绍钦如实地说。

据万州区科委有关负责人介绍，根据目前相关数据测试和市场价格估算，新田镇所养殖的10万只大闸蟹及200亩虾、鱼共养基地，今年可实现亩产蟹 60 千克，对虾 100 千克、鱼 50 千克，亩产值可达万元以上，纯收入 5 000 元。

据悉，万州目前正着手制定虾蟹生态养殖项目规划，并计划兴建大闸蟹种苗工厂化繁育车间和专用饲料生产线，进一步降低大闸蟹饲养成本，已确定于 2011 年和 2012 年，在万州建成 1 500 亩公司联大户，联农户的生态养殖基地，直接带动 750 户农户增收致富。同时，还将通过全面扩张，在万州及三峡库区周边区县发展 1 万亩规模养殖，直接带动 5 000 户农户增收。

放养管理放养蟹种后的前期管理主要是肥水和投饵，是保证大闸蟹顺利蜕壳的重要工作，水质要有一定的肥度，投喂饵料可以用颗粒饲料，也可以用小杂鱼等；放养蟹种后的中期管理，由于大闸蟹养殖进入 5 月以后，水体面积扩大，水中的生物量也不断增加，这时的养殖管理难度最大、工作量最重的阶段。由此，调节水质、投饵、营造良好的生态环境，开展病虫害防治等各项工作都至关重要。放养蟹种后的后期管理，保持好水质是十分重要的，同时也要保持塘口的清洁卫生，饵料投喂科学合理，尽可能减少残饵。要经常使用微生态制剂，也可以适时适量使用生石灰等进行泼洒。要保持水质较高的“亮度”。

第六章　树立良好农产品品牌

第一节　聚焦品牌农业，发力特色农业产业

14 亿中国人，中国的厨房餐桌正在升级换代，这里面蕴含的商机绝对世界罕见！

在这个大市场里，每一个品类都足以养活世界级的大企业，甚至在每个区域市场里，每一个品类的市场都大到可以培养出区域知名品牌，使企业从小到大，从弱到强。

处在全球最大本土市场中的中国企业，不必舍近求远。做品牌农业首先要在中国赢，在中国市场赢，就能赢得通往全球市场的第一张入场券。这是一个激动人心的巨大市场，是施展雄伟抱负的广阔天地，这里有无限的想象空间和无尽的发展空间，你只会恨自己能力不够，魄力不够，想象力不够，创造力不够。

新时代，科学技术日新月异，社会各行各业得到快速发展。在中国，农业生产方式从传统农业的生产方式向现代农业的生产方式转变。随着人们收入不断增长，生活水平逐渐提高，现代农业的发展正向品牌化、休闲化、娱乐化的方向快速发展。但是，很多农民缺乏品牌意识，也没有相关的手段，尤其是很多地区信息服务特别是农业信息服务缺乏，信息没有统一的收集、管理和协调，造成农产品信息重复率高，规范化和标准化程度低，农民知道某个农产品畅销后可能一哄而上，结果因为对市场判断不准、技术不过关等农产品同质化严重，或者品质差，更谈不上品牌。帮助农民解决问题是农村基层党组织的基础工作，农业要可持续性发展，就需要党组织在党建工作中，提高问题导向，引导资金投入，注重人才培养，助推资源整合，打造过硬的“品牌农业”。

江西省上饶市横峰县以创新农业行业党建为抓手，以“结合、共

建、服务”为主线，打造“田园党建”品牌。在农业发展中注重党建引领，把党支部建在农业产业链上，推行“支部+产业+基地”的党建模式，把组织优势转化为产业发展优势。

该县将党建工作与农业产业发展相结合，技术服务与支部建设相结合。根据全县农业产业实际情况，以全产业链为对象，跨区域设立了四个农业行业党支部，分别为葛薯行业党支部、桃柚瓜果行业党支部、葛（源）新（篁）种养行业党支部、农旅休闲行业党支部。县农业农村局选派一名班子成员任行业党支部第一书记，再派一名农技人员担任产业技术指导员。积极打造“田园党建，兴安驿站”，通过支部“1+1”共建，社区党员网格化“1+N”联系，由兴安驿站将全县各类果蔬和农特产品，通过线上点单、线下购买方式，将各种果蔬和农特产品送进社区，走进百姓餐桌。

行业支部对外与高校、科研院所开展支部共建，对内开展支部“1+1”共建。甘薯行业党支部与江西农业大学机关第八党支部等六个支部开展联建，为横峰县培育甘薯新品种，落实了甘薯产业试验田4亩左右，采取不同品种、不同栽种方式、不同施肥方法进行对比试验，从中选出适合该县土壤和气候条件的优良品种。葛源镇、新篁办事处联合成立种养行业支部，建立产业联盟，发展区域品牌。

以葛、油茶、果业等特色农产品为基础，整合有效资源，精心设计外包装，统一商标标识，开发系列产品，进一步提升产品的附加值，构建特色品牌体系。农旅休闲行业党支部与乡村旅游点共建，整合县域内旅游资源，整理出了5条精品旅游休闲线路，整合横峰农旅休闲资源，积极与各地旅行社和研学团体对接。

第二节　土而特——农产品品牌命名

朗朗上口，容易记的品牌名才是一个出色的品牌名，市场上关于农产品的品牌命名却是良莠不齐，要想农产品获得更好的发展，就得让农产品品牌命名深入消费者的心。

一、农产品品牌命名的方法

（一）写出和“农”有关的名字

带果的名字例如××果园、××果品、××鲜果等；和地理环境相关的如×湖人家、山里×、××山、自然××、××村、××坡等。

（二）写出和“品质”有关的名字

可以在商标上婉转地表现出产品的品质。例如××优果、××鲜果、好果××、灵果×，等等。用这个方法给农产品商标起名是一个不错的选择。

（三）形象法

形象法就是指运用动物、植物和自然景观来为商标命名。如“七匹狼”服装，给人以狂放、勇猛的感受，使人联想起《与狼共舞》的经典情节；“圣象”地板，让人产生大象都难以踏坏的地板形象；还有“大红鹰”“熊猫”“美洲豹”“牡丹”“翠竹”等。运用形象法命名商标，借助动、植物的形象，可以使人产生联想与亲切的感受，提升认知速度，对于农产品品牌命名也是同样的道理。

（四）价值法

价值法就是把所追求的目标凝练成语言，来为商标命名，使消费者看到产品商标，就能感受到企业的价值理念。如上海“盛大”网络发展有限公司、湖南“远大”企业，突出了企业志存高远的价值追求。福建“兴业”银行，就体现了“兴盛事业”的价值追求。武汉“健民”突出了为民众健康服务的企业追求。北京“同仁堂”、四川“德仁堂”，突出了“同修仁德，济世养生”的药商追求。因此，运用价值法为农产品商标起名，对消费者迅速感受企业价值理念具有重要的意义。

二、农产品品牌命名的四种模式

（一）农产品品牌的产地品牌

农产品品牌的产地品牌指拥有独特的自然资源以及悠久的种植养

殖方式、加工工艺历史的农产品，经过区域地方政府、行业组织或者农产品龙头企业等营销主体运作，形成明显具有区域特征的农产品品牌。一般的模式是“产地+产品类别”，如“西湖龙井”“库尔勒香梨”“赣南脐橙”等，该类品牌的价值就在于生产的区域地理环境，至于是这个区域哪家企业生产的，并不重要。一般这种有特色的农产品品牌都已注册地理标志，受《商标法》的保护，是一种极为珍贵的无形资产。

（二）农产品品牌的品种品牌

这是指一个大类的农产品里的有特色的品种，既可以成为一个品牌，也可以注册商标。例如，“水东鸡心芥菜”就是一个农产品品牌的品种品牌。有的品种到现在为止还没有注册成品牌，但是也广为人知，如红富士苹果。农产品品牌的品种品牌一般的格式是“品种的特色+品类名字”。例如，“彩椒”就是彩色的辣椒，这是外观的特色；“糖心苹果”就是很甜的苹果，这是口感的特色；“云南雪桃”是文化特色等。只要产品有特色，都可以注册成商标，也便于传播。

（三）农产品品牌的企业品牌

农产品品牌的企业品牌指以农产品企业的名字注册商标，作为农产品品牌来打造，例如中粮和首农就是农产品企业品牌，打造的是农产品企业整体的品牌形象。农产品品牌的企业品牌可以用在一个产品上，也可以用在多个产品上，例如“雀巢”这个企业品牌，有“雀巢”咖啡、“雀巢”奶粉、“雀巢”水等。对于农产品流通领域来说，还有一种渠道品牌，也属于企业品牌这一类。渠道品牌就是一个渠道的名字，例如“天天有机”专卖店，里面卖的都是有机绿色食品，店里可以有几百个甚至上千个产品品牌。

（四）农产品品牌的产品品牌

农产品品牌的产品品牌指对于单一一个或者一种产品起一个名字，注册一个商标，打造一个品牌。例如大连韩伟集团的“咯咯哒”鸡蛋。这种模式大家日常生活中比较常见。

第三节 农产品品牌聚焦三大关键点

老百姓购买水果、蔬菜、米面、肉蛋奶等农产品，最关心的三点就是：安全、新鲜、“土气”。

一、安全是农产品消费的第一关注点

农产品的消费心理，在20世纪70—80年代是“吃得饱”，到20世纪90年代是“吃得好”，到现在是吃得安全。安全是老百姓现在购买农产品时首要关注的问题，因为病从口入。

基于我国农产品质量安全状况，国家有关部门大力推进食品安全的认证，也就是绿色食品和有机农产品。

目前全国绿色食品、有机农产品和地理标志农产品的总数达12.1万个，跟踪抽检合格率达到98%以上。一大批优质安全的农产品摆上了超市货架和百姓餐桌，更好地适应了城乡居民多元化、个性化的消费需求。

农业巨头纷纷打“安全”牌。“产业链，好产品”，中粮集团给老百姓传达的是“产业链、好产品，安全品质、好生活”的健康理念。无独有偶，北京首都农业集团的广告语是“安心之选，首农集团”。无论是中粮的安全品质，还是首农的“安心之选”，关注的都是农产品安全问题。

二、新鲜是农产品，特别是鲜活农产品的基础

第一，新鲜是农产品营养价值的保证。

水果、蔬菜在采摘后，仍然是一个活体，是具有生命力的碳水化合物，具有易腐败、不易保存的特点，如不及时消费，一段时间后，就会腐败、变质，失去原有的营养价值。

第二，新鲜是农产品外观价值的直接表现。

老百姓买菜，无法从蔬菜的营养品质、卫生品质去判断，最直观的方式是外观，觉得水灵的蔬菜水果就是新鲜的，显得红润的肉就是新鲜的。因此，农产品的新鲜程度直接决定老百姓是否购买。

第三，温度是农产品保鲜最重要的条件。

温度越适宜，产品的营养消耗越少，微生物繁殖越慢，保持新鲜品质的时间也越长。同时，温度变化越小，保鲜效果越好。所以保鲜贮藏要求一个相对稳定的低温条件，大多数农产品最适保鲜温度是0℃左右。

三、“土气”有助于提高农产品品质

（一）“土气”是农产品的本质

农产品的根本在于“农”，不同区域的水土、气候、周期生产出不同品种和品质的农产品。“橘生淮南则为橘，生于淮北则为枳”，说的就是同一品种，因为气温、气候、光照、土壤等方面存在差异，从而长出不同的果子。特别是区域特色农产品，靠的就是原产地，才独显价值。我们喜欢吃赣南的脐橙、新疆的苹果、五常的大米、焦作的铁棍山药等，就是这个道理。像日常的蔬菜、肉、鸡蛋等农产品虽然在各地都能生产，但是，在土里种的蔬菜和无土栽培靠营养液生长的蔬菜，品质显然不同。

究其根本原因，就在于千百年来，农产品的生产依附于“农”，只有以“农”的生产方式生产出来的农产品，才是真正符合农产品本来属性的产品。因此，“土气”才是农产品的本质。

（二）“土气”是农产品高品质的根本

如果说一个东西土里土气，似乎给人的印象不怎么好，但许多农产品却因为“土气”而大受欢迎，因为老百姓在心中很自然地把“土”和“原始”“生态”“天然”等现代生活消费的时尚元素联系起来。

在人们的固有观念里，在千百年传承的饮食文化的影响下，“土气”的农产品才是高品质的农产品，这种消费观念不是一朝一夕能改变的，也不是一个产品广告能改变的。只有生产出符合消费观念的农产品，才能占据消费者的心智，才能既卖得好又卖得贵。

我国名特优产品多，都可以注册原产地地理标志，从而保护区域性名优特产品。我国地形复杂，气候多样，不同区域独特的地质地貌和气候差异决定了不同地区农产品的品质特征。

据初步估算，全国目前有一定历史渊源和生产规模的地方名特优产品有 2 万种左右，平均每个县分布 3~5 种，其中具有一定知名度和美誉度的约占 20%。如浙江省的西湖龙井、江西的赣南脐橙、湖南的湘莲、山东博山金银花等。

然而，还有部分地方政府、涉农协会和企业由于没有充分的知识产权意识，而没有申请地理标志产品来保护当地的名特优产品。截至 2019 年，我国累计批准地理标志产品 2 380 个（含国外地理标志 61 个），核准专用标志使用企业 8 295 家，建设国家地理标志产品保护示范区 24 个。产品范围涉及特色农产品、葡萄酒、黄酒、茶叶、水果、花卉、工艺品、调味品、中药材、水产品、肉制品等，涉农地理标志产品超过 1 400 种，产地范围涵盖全国 30 多个省、自治区、直辖市。

第四节 引导农产品深度商品化

各乡村基层党支部坚持党建引领，充分发挥基层党组织战斗堡垒作用，把农产品商品化项目作为促进乡村振兴的有力抓手。如贵州省镇远县大地乡双坝村通过“党支部+企业+农户”方式创新“QQ 农场”发展模式，为农特产品打开了市场，吸引了部分年轻人才创业谋发展。2020 年，该村在外务工的大学生返乡创业，用紫薯和玫瑰花为原材料酿出的酒，色香味俱全，深受客户喜爱。溧阳市在祠堂村实施农产品商品化试点项目，通过与农产品销售平台合作，建设标准化、商品化的甘薯生产基地，做大做强溧阳的地瓜销售产业。目前，已建成甘薯生产基地 260 余亩，并同步推进甘薯分拣、包装、冷链仓储等设施建设，形成了全产业链的产业化开发利用模式，在助力脱贫攻坚和乡村振兴方面取得了显著成效。

农产品的商品化，是指对农产品进行的一系列维持和提高品质，实现产品增值，发挥最大使用价值的过程。

农产品的商品化处理，包括对农产品的采收、清洗、分级、加工、储藏等过程。农产品的商品化处理既有利于避免腐烂，减少浪费，又可保持农产品的品质。本节主要谈的是两种更深层次、商品化价值更高的方法。

一、深度分级，把单个农产品“剥开卖”

单个农产品也可以剥开卖。一般的产品分级是按形状、大小等分类，例如，水果按大小、外形等分级，牛、羊按部位不同价格分级等。但很少有人会想到，苹果像牛羊一样切开卖，苹果皮、外层肉、内层肉分开卖。更进一步，能否把苹果作为原料，粗加工成苹果食品，例如，苹果皮干、苹果肉干等。这主要看农产品是否会由于部位的不同而有不同的价值。

哪些农产品能剥开卖？从技术的层面来讲，所有的农产品都可以剥开卖，因为不同的部位都有不同的品质，从而产生不同的价值。但是，在实际操作中，注意两点：一是剥开分级越少，价值越低，例如，前面讲的苹果，外层肉和内层肉各方面品质都差不多，把内外层肉剥开卖价值就不大。二是剥开卖的各层都要有比较成熟的消费习惯，或者有特定的销售对象，这样才能让剥开卖的总价值比单个整卖的总价值高。

二、菜谱化，让农产品组合起来卖

一般情况下，农产品是按种类卖，消费者都是买各种菜，然后回家自己加工、配菜。所以，一般的农产品企业也是这样，卖蔬菜的专卖蔬菜，卖肉的专卖肉，很少有人把蔬菜和肉组合起来，变成一种商品，然后卖给客户。这样的做法就是农产品的菜谱化。

在快节奏生活的城市，时间是人们最大的成本，凡能节约时间的做法都是有很大价值的。把一家一户的分散化的洗菜、切菜、配菜的劳动变成一种专业化、规模化的统一劳动，也是很有价值的。

三、农产品也能成为“时尚礼品”

近年来，散养柴鸡、绿壳鸡蛋、有机大米、彩色甘薯、有机蔬菜等中国农产品越来越多地占据着超市的柜台，甚至被当作时尚礼品存放于城市的中产阶级和高收入者的阳台或厨房；许多农民也乐得合不上嘴，因为种养多少年的农作物或家禽，不知道怎么回事，价格一个劲地往上涨，不仅收入成倍地翻，就是拿出去送礼也倍儿有面子，过去一向对自己爱理不理的富亲戚见了这些东西都会露出灿烂的笑容。

据有关部门预测，目前，我国礼品市场有超过 8 000 亿元的市场空间，并且正以每年 20%的速度保持增长。农产品作为礼品市场的新宠，正在悄悄地扩大着市场份额，分享着礼品市场的这块大蛋糕。

并不是所有的农产品都可以成为礼品，换言之，只有具备如下条件的农产品才有可能成为礼品。

（一）农产品作为礼品，必须有品牌，至少是区域名牌

现代社会，品牌对于产品是非常重要的，尤其对于农产品礼品而言。实践证明，优质农产品的品牌经营较一般无牌销售具有更高的售价和更大的销量，在礼品行业更是如此。在市场竞争日趋激烈的今天，离开形象良好的品牌，即使是优质农产品也难以顺利实现其价值。一位学者说过："未来的市场营销是品牌互争长短的竞争，拥有市场的唯一办法就是拥有占市场主导地位的品牌。"人们选择礼品要表达自己的一种感情和关系，而且要反映人们地位的被尊重程度，最原始的农产品已经远远不能满足人们的需要，而优质强势品牌刚好能满足人们的这个需要。打造强势品牌、提升品牌价值是发展农产品礼品的长远之道。脑白金的广告词"收礼只收脑白金"让其品牌在人们心中印象深刻，农产品也可以向其学习，使农产品礼品的形象在人们的脑子里留下印象，这样在人们选购礼品时才能有机会被选中。

（二）包装是农产品成为礼品极其重要的环节

中国是一个礼仪之邦，国人更讲究人的形象魅力，包装既是商品的脸面，也代表着购礼者和受礼者的脸面，人们通过产品包装来比较个人在社会中的价值，并通过商品的包装档次来判断自我在他人心目中的评价地位和传达的尊卑关系，包装此时确实真正成了"仪式性"的媒介。农产品作为礼品更要注重包装。通过精选产品并改变传统包装的规格、尺寸、原材料、造型、色彩、宣传形式和内容等方法对产品进行塑造和传播。如牛奶论箱卖，苹果论个卖，纸箱变柳编、竹编、草编，篓变盒等方式。实施这一策略的关键在于对消费心理的把

握，对整体市场的包装要深入地比较研究，要能以新奇、别致、有趣、绿色制胜。

（三）地区特色和文化内涵是农产品礼品的必要条件

农产品作为礼品要突出产品特色。即有些地区因为独特的气候、植被、水土等原因使得当地一些农作物具有独有的味道、营养成分或者其他特色，把这种独特的东西包装后便成为其核心的卖点，如信阳毛尖、新郑大枣、山西陈醋。有些旅游者之所以到一个地方后要带一些地方特色产品给亲朋好友送去，并不是因为在其他地区没有或是买不到，而是这些产品具有当地的特别之处。打出文化牌，将历史上的传说或故事等赋予到产品中，增加产品的独特内涵和文化价值，使消费者在消费该产品时产生特殊的好感或者积极的联想，并乐于传播该产品的特点，如老婆饼、东坡肘子等。

（四）创新经营是农产品站稳礼品市场的充分条件

品牌依靠优质，优质来源于技术。现代技术的快速发展加快了品种优化过程。将技术及时地运用到产品上，就能转化为生产力，创造出财富。对农产品的食用功能和食用价值进行深度开发，在包装上进行深度设计；同时，在产品理念上进行挖掘，在品牌上进行合理推广，农产品照样能成为送礼佳品。国内某厂家对家禽进行深加工，推出“全鹅宴礼品装”，包括鹅肝酱、即食全鹅、鹅肥肝、鹅肝油、鹅血糕、鹅肉、鹅肝糕、鹅掌等熟食制品。虽然价格不菲，但产品一经推出就大受欢迎。运用之妙存乎一心，只要方法得当，不断创新，农产品也可以化“腐朽”为“神奇”，成为礼品市场的新宠。

（五）加强国际交流合作，引进并研发新品种，增加农产品的新颖性、独特性和稀缺性是农产品成为礼品的有利条件

由于各个国家、地区的地理、自然因素不同，物种也不尽相同，特种蔬菜由此产生。在国外很平常的蔬菜在国内可能就很稀有，如包心生菜、西芹、牛蒡、绿菜花、紫甘蓝等。在 20 世纪 80 年代作为特种菜刚引入我国时，只有在各大宾馆、饭店、驻中国使馆、外国商社才能吃到。目前，特种菜已从专供走向百姓餐桌，其质量、档次不断提升，进而发展为高档礼品菜馈赠亲朋好友，已逐渐形成新的消费时

尚和潮流。特别是我国加入世界贸易组织后，国际交往频繁，蔬菜多元化需求特征明显，市场容量巨大，为特种菜持续发展拓宽了渠道，提供了机遇，更为农产品成为礼品带来了更大的市场空间和机会。

（六）把握节日机会，推动农产品的礼品化

在这个礼品市场中，首先还是应以中国的传统节日为主，利用中国消费者强烈的亲情、友情观念来进行市场开发和销售，将公司产品与节日送礼相联系，增强以节日概念为主的事件营销及感情营销，以增大企业在节日市场上的销售业绩及利润额，但也不可使产品的节日味过于浓重，否则在节日之外便失去了整个市场。不少精明的现代菜老板瞅准了节前的礼品市场，把青翠欲滴的鲜嫩蔬菜精心包装后推向市场。

第五节 特色农产品以差异化为本

北京的大白菜和济南的大白菜表面没什么区别，超市的肉和菜市场的肉看上去也没什么区别，在老百姓的眼里，同一品类的农产品看似都一个样，而从事的行业人士也纷纷感叹农产品是同质化最严重的产品，没法差异化。

差异化是品牌营销的根本法则。有差异的产品才更有营销价值，才更容易获得消费者青睐，才更容易做成品牌，才能卖高价。可是，出自田间牧场的农产品天生就是高度均质、弱差异的产品。面对高度均质类产品怎么办？将内在品质差异化、外在化！

内在品质外在化、差异化有以下方法。

一、在产品上制造不同

特别的品种有的会带有独特的外在差异性，这是这类地域特产备受消费者追捧的原因之一，甚至为此津津乐道。营销者要善于将这些产品独特的差异性与品牌相连，使之成为自己品牌的特征，像标志标签一样成为消费者辨识这个品牌的依据。

从种养方式和品种改良入手，在产品上制造不同，这对于加工程度较低的生鲜类产品做品牌尤为重要。近年出现的水果玉米、紫色红薯、云南红色梨等产品，因为极具特色，非常吸引消费者关注，与普通产品容易区隔，显著提高了附加值。

同样是猕猴桃，新西兰从中国引种后，对原先口味偏酸的绿色果肉猕猴桃进行了改良，推出了口味偏甜的黄色果肉的全新品种——黄金奇异果。目前新西兰佳沛国际奇异果每年产量约达 8 000 万箱，99%出口至全球近 70 个国家和地区，占全球市场份额的 28%，远远超过奇异果的故乡——中国的出口量。

日本神户牛肉不但从特殊牛种中精挑细选，而且制定了严格的养殖标准，脂肪和红肉均匀分布的大理石纹，成为神户牛肉的标志性特质。

获得国际风味暨品质评鉴所（iTQi）“顶级美味奖章”的日本“金芽米”，它的美味极其出众，最难得的是，从外观就可以看到其中心金色的胚芽，“均压精米法”和“BG 无洗米加工法”等独特的加工工艺，更好地保留了金色的胚芽。“金芽”这一独特特征，突破了稻米差异化的最大难点和瓶颈，打破了越光大米在日本一统天下的局面。

烟草大王褚时健种的橙子，外表并不起眼，拳头大小，表皮还略带青色，甚至还没有街头普通水果摊的卖相好。可是一口下去，立刻能感觉到它汁甜肉厚的滋味与口感，6 元一个仍然供不应求。褚时健也成了“橙子大王”。

这里谈的内在品质差异化、外在化，是专门针对农产品尤其是低加工的生鲜农产品天生的弱差异而特别强调的，绝对不是否认内在品质对于品牌的重要性。

二、挖掘提炼产品和品牌价值并加以传播

农产品市场是一个天生高度同质化的市场，同类产品看起来彼此差不多，这就是前面说的“高度均质”问题。

如果产品本身的差异化不足，那么可以在产品和品牌价值上做差异化，用不同的价值彰显不同。

优秀品牌为什么能够产生差异？为什么可以让原本相似的产品显示出不同，继而能够支持高价？答案是：品牌内有价值，外有形象！所以，做品牌简单地说只有两件事，一是做实品牌的里子，二是做足

品牌的面子，即：内做价值，外塑形象。

品牌如人，有内涵上的东西，诸如思想、情感、品位等；还有外表上的东西，相貌、身材、衣着等。只有内涵丰富、充实，外表反映内涵，光鲜、引人瞩目，才是优秀的品牌、成功的品牌，才拥有在市场立足的本钱。

经常有企业这样倾诉：我的产品明明比别人家的好，可就是卖不出好价钱。许多企业的产品还是出口产品，标准比国内高很多，可是放在国内就是卖不上价；还有企业陷入了这样的苦恼，好不容易找到一个好产品，可是没等赚多少钱，同类产品就多了起来，结果价格越做越低，大家谁都没钱赚。这些问题大多因为品牌价值不足，至少让消费者看起来不值那么多钱。

产品，除了直观可感的物理属性的有形价值之外，还有许多看不见的无形价值，无形价值与有形产品的有形价值，共同构成品牌价值。许多营销者往往对无形价值重视不够。

无形价值这种东西有时好像看不见、摸不着，但确确实实能够感觉到，对品牌力的形成和销售的达成起着极为重要的作用。只要稍微想一想，卖得贵的品牌都有实实在在的价值。比如茅台酒，无论茅台镇上有多少品牌的酒在酒体上做得多么像茅台，都无法替代茅台第一国酒的地位，因为除了茅台独特的工艺，众多关于它的传奇故事，以及它在外事宴会上与各国领袖的渊源是茅台所独有的，是其他酒品牌无论如何也造不出来的。这就是无形价值的力量。

盛产大桃的北京平谷，挖掘桃子本身吉祥长寿的文化内涵，通过并不复杂的技术让桃子长成寿星的模样，一个卖到100元的高价。

做价值是做品牌的内功，价值不高的品牌，因为没有实际内容，也就没有内在的销售动力。许多企业做品牌，注重知名度，注重大传播，但是没有重视传播什么，做了大量的表面文章，广告、包装、招贴都做了，看起来光鲜热闹，一放在市场里，没有自我内在的销售力量。说到底，是没有搞明白品牌是什么，品牌里面应该有什么东西，怎样往品牌里放东西。

三、消费者差异化

不同消费者对农产品的需求不同。前面我们已经谈过老百姓吃的目标已经由吃得饱到吃得好，再到吃得安全，而农产品的生产，已经由 20 世纪 80 年代的短缺到 90 年代的供求平衡，到现在的过剩。所以，现在老百姓对农产品就是挑着吃，换着吃，不停更换。这样，就给了农产品企业家一个机会，生产符合不同消费者以及同一消费者的不同需求的产品。

农产品企业应该按照什么样的指标来细分消费者？一般情况下，大家可能想到的是按收入来细分，富裕阶层、中产阶层、普通百姓；或者按年龄来细分，老年人、中年人、青少年等。

对农产品，特别是高端农产品，按照特殊需求来细分更合适。什么是特殊需求呢？例如，家里有新生儿，母亲和婴儿对农产品的营养品质和卫生品质就有不同的需求；家里有“三高”老人，对于农产品的营养品质要求也不同。农产品企业先决定生产什么，然后与合适的消费群体匹配，把二者有机结合，才能让差异化策略产生高额的利润。

第六节　引导农产品加强认证

由于农产品的产业链既长又宽，影响农产品品质的节点很多，而且农产品从外观来看，很难区别品质的好与坏，很多农产品吃了以后也难以区别品质的优劣，所以，对于立志打造品牌的农产品，不能只自己说自己好，必须得别人说好。

别人说好有两类方法：一类是第三方机构的权威认证，说企业的产品好；另一类是第三方授予企业获得的各种荣誉，这些荣誉就暗示企业的产品好。所以，用认证和荣誉能提升农产品品牌的信誉。

一、认证的种类

农产品的认证可以分为产品认证和体系认证两大类。

产品认证有自愿性的认证和强制性的认证，强制性的认证，例如食品的 QS 认证，自愿性的认证有绿色食品认证、有机食品认证、种子认证、非转基因认证，等等。体系认证的目标是建立安全食品的生产管理体系，例如 HACCP 认证、GMP 认证等。

二、荣誉的类别

荣誉的类别可以分为企业的荣誉、品牌的荣誉、企业里个人（一般是企业家）的荣誉。企业的荣誉可以是政府、行业协会、媒体或者企业的相关利益方等有公信力的机构给予的荣誉。品牌的荣誉可以是地理标志产品、获得各种奖励、政府或者大型赛事指定用品等。个人荣誉指的是个人获得的各种称号，或者个人在业界的各种成绩。

三、规划农产品的认证和荣誉的原则

现在的认证和荣誉看起来很有光环，但实际上也不是越多越好，因为在这个极端商业化的社会，认证可以用钱买，荣誉也被某些机构发乱了，所以，如何规划好农产品的认证和荣誉，就很重要，不能见到什么荣誉都要。一般来说，选择能够提升农产品品牌信誉的认证和荣誉有三个原则。

（1）公信力原则。公信力强的认证和荣誉更容易让人产生信赖感。国际权威认证比某个国家某个机构的认证公信力强很多；国家级政府机构的荣誉就比行业协会或者各种展会颁的荣誉公信力强很多；世界级别的赛事指定产品比商业化的赛事指定产品公信力就强很多，等等。

（2）合适的原则。认证和荣誉必须适合农产品，才能提升农产品品牌的信誉。农产品企业搞 ISO 质量管理体系认证就显得不是那么合适；农产品企业获得“学生实习基地”也对农产品的品牌提升作用不大。

（3）适度原则。不能什么认证都搞，什么荣誉都要，这样，杂七杂八的认证和荣誉一大堆，消费者一看，心理就会想肯定都是花钱买的，自然而然地就对农产品产生不信任。认证和荣誉体系的规划，目的是提升农产品品牌以及农产品企业的信誉，所以，企业获得所有的认证和荣誉级别最好都差不多，要保持企业的姿态，这样更容易获得消费者的认同。

第七章　乡村致富带头人创业能力建设的反思

第一节　转变理念，以“个性发展”为取向

乡村致富带头人在创业过程中面临着多样化的发展困境，其在具体的实践与学习中不断摸索发展，参加创业培训指导，是乡村致富带头人学习的重要途径。在这个过程当中，政府提供的各类培训针对性不强、乡村致富带头人自我认知不足等问题仍需要重视。

一、培训针对性不强，自我认知不足

（一）政策支持性、针对性不足

一方面，国家大力鼓励创业，提供多项鼓励措施，例如税收优惠政策、小额担保贷款、职业培训补贴等，乡村致富带头人创业也同样享受相关政策。但针对乡村致富带头人创业能力发展的政策多是保障性、鼓励性政策，对个性化的培训项目，政策支持有所欠缺。另一方面，农业发展类型多种多样，乡村致富带头人的创业类型也是多样化的。国家的优惠政策能起到一定的支持作用，但对于农业科技方面的创业者来说，资金扶持并不能满足致富带头人的需求，小额贷款金额不高、利率优惠幅度较低、担保方式较少，这些都限制了致富带头人的创业发展。并且，社会组织、企业、高校资源都会影响组织者开展个性化的培训项目。针对当前各地培训项目大致相同的情况，政府发挥作用，促进个性化培训项目的开展非常有必要。

（二）培训内容针对性不足

我国各个地区经济发展条件和水平不尽相同，因此各个地区的农业发展必然需要因地制宜、因人而异的多样化培育内容。一般的组织者、培育者对乡村致富带头人的培训多以注重现代农业创业理念和基

本技能、“互联网农业”、农产品营销和质量安全及现代信息技术应用等公共内容培训为主，各个地区关于同一农业发展类型的培训内容相似度很高。例如，甘肃省武山县开设的创业致富带头人能力提升培训班，主要围绕创新创业、农作物的规范化栽培技术、畜牧业的标准化养殖技术、农产品市场营销及网络销售、农民专业合作社经营管理、金融知识与信贷扶持政策等相关知识进行培训；陕西省千阳县组织的创业致富带头人培训班，围绕企业会计制度、农村产权制度改革、农村集体经济组织管理、发展集体经济等方面进行培训；浙江省杭州市受恩施州鹤峰县委托组织的乡村致富带头人创业能力培训班，主要围绕茶叶栽培管理、茶叶品质打造、茶叶品牌创建、茶叶营销宣传以及现代农业发展模式、美丽乡村建设经验等开展培训。由此可见，各地培训内容大同小异，缺乏具体有针对性的培训内容。

(三)乡村致富带头人自身认识不足

在主要创业培训群体中，大学生群体的文化程度高、学习能力强，这些是对创业有益的积极因素，但同时他们自身的缺点也很突出，如把创业看得过于简单、不务实、缺乏社会实践经验，同时急功近利、心理承受能力相对较差、不敢坚持、容易妥协等。社会上的创业学员，虽然创业经历和实践经验相对丰富，能够分析并应对市场变化，也有一定的资金和人脉，但对于导师讲授的专业内容接受和消化能力不足，知识转化程度不高，虽然创业意愿强烈，但一旦创业失败，会承受较大的打击。不论是哪类创业群体，在创业过程中都会遇到各种各样的问题。乡村致富带头人在参与创业能力培训时，往往是各类培训项目都参加，或是只参加几次培训，其他培训项目完全不放在心上。从乡村致富带头人参与培训项目的现状看，他们在参与培训过程中并没有真正分析自身的需要，没有认识到通过培训可以提升自身的创业能力，更好地发展自身产业。

二、解决措施

乡村致富带头人创业能力建设，不仅需要外部支持，也需要带头人自身的努力。从国家层面，应不断完善乡村致富带头人创业能力建设的相关扶持政策。在土地流转、基础投入、农业项目承担、税费减免、信息服务、金融信贷、营销推广等方面，优先考虑支持乡村致富带头人。从培训的角度，相关组织方应当根据致富带头人创业能力、产业发展的实际情况，制订有针对性的培训内容，努力做到按需培训、精准培训，增强培训效果。同时，乡村致富带头人自身也应积极参与培训项目，努力提升创业所需能力。

（一）培训项目以“个性发展”为取向

乡村致富带头人创业能力培育项目的开展，应尊重致富带头人的个体差异性。每位致富带头人的创新能力、经营管理能力、应对风险能力等都会有所差别，致富带头人的创业类型也是多样化的，因此对带头人的培训应强调个性化的模式，重点在于乡村致富带头人的个性化发展，使带头人在创业过程中不断学习和磨炼除应具备的各项基本能力。“大一统”的培训模式对带头人的个性能力发展作用不大，而有针对性的培训，是在综合考量乡村致富带头人创业内容、创业项目、自身文化水平等情况的基础上突破原有的以课堂统一授课为主的方式，转而采取更加具有“量身定制”色彩的培训方案，从而使得不同情况下的致富带头人能够受到更加具有针对性的培训。大学教育中的公共课与专业课相结合的教学模式不失为一种好的学习模板。致富带头人创业能力培育中的“公共课”应以业务管理、惠农政策、项目设计、市场拓展、品牌营销为主要内容，“专业课”则根据不同创业者的产业设置不同的业务技能、知识的培训。培训组织者要根据致富带头人的发展类型，组织与之相关的培训项目，做到精准培训，切实提高致富带头人的创业发展能力。

（二）加强政策的精准扶持，链接社会资源

乡村致富带头人的培训需要政府给予高度重视，需要政策的支持，同时也需要资金作为支撑，还需要培育基地等硬件设施及优秀的讲师，这些都是乡村致富带头人培训必不可少的重要资源。政府设有专项资金用于农业农村农民的发展，但对乡村致富带头人创业发展的资金投入有限。应合理分配资源，让政府的每项支出都能发挥最大作用，落到实处。同时乡村致富带头人的培训项目也要真正起到作用。

政府应适当加大对乡村致富带头人培训项目的资金投入，为组织发展致富带头人个性能力的项目提供资金保障，争取财政资金扶持。例如，对达到省级、县级规范合作社要求的乡村致富带头人给予财政补贴；对具备项目建设能力的乡村致富带头人加大科技项目扶持力度；给予乡村致富带头人税收优惠和金融信贷扶持。多渠道、多层次、多形式地对乡村致富带头人的能力进行开发和培育，发动社会力量参与到乡村致富带头人培训中来。除了政府购买培训服务之外，还可鼓励社会组织自发开展乡村致富带头人培训，鼓励高校教师或专业培训导师给乡村致富带头人提供个性化的培训。

（三）乡村致富带头人正确认识自己，合理选择培训项目

乡村致富带头人参与培训学习的目的是提升创业技能，为成功创办农业产业提供能力支撑。培训讲师在讲授相关专业知识时所培训的内容非常重要，但最重要的还是在于乡村致富带头人自身要更新观念，树立正确的学习态度。乡村致富带头人在创业道路上面对诸多风险，对其给予培训指导是非常有必要的。乡村致富带头人在参与培训时，应选择对自身能力发展有益的培训项目，避免重复参与同一主题的培训项目，要从培训项目中学有所得。

总之，乡村致富带头人创业能力建设，不仅需要发展乡村致富带头人的基本素养，与产业相关的个性能力建设更加重要。政府应加强对乡村致富带头人的个性发展的关注和支持，乡村致富带头人自身也应认识到个性能力在创业发展中的重要性。

第二节　完善体系，以“一主多元”为特征

乡村致富带头人创业能力建设，不仅要靠政府发挥主导作用，提供政策支持、资金支持、人力资源支持等，高校、企业、合作社等在促进乡村致富带头人能力建设中，也应发挥重要作用。政策目前对乡村致富带头人能力建设的支持力度还有待加强，资金、技术、人脉等资源有待加大投入，对乡村致富带头人的监督保障机制有待完善。

一、体系有待完善，资源有限

（一）政策过于宏观，政府支持力度不够

政府的创业政策是推动乡村致富带头人创业发展的基点，创业政策对于优化创业环境、提供创业机会、减少创业风险、提高创业能力等方面起到重要作用。制定出台有针对性的创业扶持政策，是实现乡村致富带头人创业能力有效培育的重要保证。在乡村致富带头人创业能力建设过程中，虽然各有关职能部门出台了很多扶持乡村致富带头人发展的优惠政策，但总体上，这些政策措施在乡村致富带头人创业能力建设方面有所欠缺，有利于乡村致富带头人能力建设的环境尚未完全形成。同时，现有的创业政策在实施方面缺乏完整、科学的执行规范，多为“口袋政策”，很多优惠举措不能直接落实到乡村致富带头人身上，乡村致富带头人和一般性农民在政策享受上没有太大区别，扶持的力度不够大，优势不够明显。主要表现为：在乡村致富带头人推优选才的机制上，操作方式还不够细化规范；在信贷扶持上，优惠力度不大；在创业指导上，实效性还不到位。

（二）资金、技术、人脉等资源有限

农业产业化、规模化经营，不仅是乡村致富带头人创业成功的标志，也是他们带领其他农民致富的保证。要推动农业产业化、规模化经营，需要资金、技术、人脉资源的支持。人脉资源决定了个体获取信息和资源的能力，尤其对于长期生活在农村、信息资源相对缺乏、处于边缘地位的乡村致富带头人而言，人脉资源更为重要。充裕的社会资本被视作创业机会和市场信息的重要来源，也是乡村致富带头人做出扩大投资规模等重大决策的重要参考来源。没有资金、没有技术、没有人脉，只凭乡村致富带头人创业的一腔热血，是很难创业成功的。因此，资金、技术、人脉资源的缺乏，都将影响乡村致富带头人创业成效。

（三）评估与监督机制有待改善

政府及其他组织者在组织乡村致富带头人创业能力培训项目时，往往达不到组织项目时所设定的预期目标。多数情况下，培训导师将

培训视为任务，培训导师在完成其授课任务后，与学员交流甚少。完成培训后，也缺乏指导人员针对培训效果进行跟踪服务，导致乡村致富带头人难以将在培训中学到的知识实际转化应用，降低了培训的质量与有效性。同时，各级政府大多关注在特定时间段内实现了多少人次的培训，而缺乏对培训效果的评价。项目培训后鲜有考核，不论是承担培育工作的主办方还是承办方，都忽视了对乡村致富带头人创业能力培育项目的考核工作。科学合理的考核环节的缺失，导致乡村致富带头人的培训需求反馈及培训改进无从入手，这势必导致培训的供需不平衡，培训效果不佳，甚至存在无效培训。

二、解决措施

（一）完善培育立法，构建培育法律体系

目前，对于乡村致富带头人创业能力培育没有专门的法律法规，更不用说针对创业者能力培育工作的立法。这对于正处于农业现代化迅速发展的农业大国来说，存在一定的不协调与不合理。政府作为法律法规的制定者，要加快推进培育立法工作。从法律上明确培育工作的地位、资金投入与权责范围，用法律约束参与者的行为，协调利益相关者关系。结合各地区的实际情况，积极鼓励地方政府制定地方性政策法规，使各级农民培育工作法治化、体系化。通过立法规范培育工作的操作程序，从筛选培育对象、选聘师资、资金管理一直到监督反馈等，针对培育的各个环节建立起行之有效的法律保障机制。同时，也要建立面向公众的公示监督制度，建立信息交互平台，及时向受训学员及社会公布培训主体、对象、资金、内容等方面的情况，接受社会的监督与反馈。最后，还要以法律的形式建立培育工作评价体系。通过培训机构评价、受训学员自评与互评、社会公众评议等形式，对培育工作的组织架构、培训过程、管理模式等进行跟踪评估。把培训对象的满意度作为评价培育质量的重要标准，改进培育工作的重要依据。从根本上推动乡村致富带头人创业能力培育工作健康有序发展。

（二）加大乡村致富带头人创业能力培育的资金投入支持机制

首先，为保证乡村致富带头人创业能力培育工作有稳定的资金来

源，应从财政收入中设置专门的培训经费，并逐年增加。其次，对经费实施专款专用，集中管理，实现资金投入制度化。再次，建立多元的投资办学机制。以政府为主导，面向市场，灵活运用税收、金融、信贷等手段，给予办学主体以优惠政策和鼓励手段，激发农业龙头企业、农业合作社及民办培训机构参与乃至组织致富带头人创业能力培育工作的积极性。建立以政府支持为主，企业、社会组织、个体等多元主体共同参与创业能力培育的投入机制，全面解决培育经费短缺的问题。最后，对于参与培训的乡村致富带头人，应建立适当的回馈机制，鼓励其在接受培训受益后，以一定的方式回馈社会，从而建立起一种培训反哺的良性循环机制。

（三）完善乡村致富带头人创业能力培育的保障监督机制

首先，在国家层面，由农业农村部、财政部、教育部、人社部等部门联合成立乡村致富带头人创业能力培育工作专项工作组，专门负责统筹安排全国的培育工作的开展、实施、监督。其次，着眼于地方，建立省、市、县三级政府统筹指导，农业、教育部门具体实施，其他相关部门积极配合的机制。最后，在培育的整个过程中，贯彻严格的监督评价制度。对政策的制定、培育对象筛选、培训过程管理、资金发放与监督等具体工作进行分工，明确参与其中的各部门的工作重点与工作职责。有效实行部门间相互检查制度，在加强合作的同时，也要互相制约监督，防止管理混乱、责任不清等问题的出现。对培育的质量及成效，可采用参与培训项目的个体跟踪评价，及时了解评估乡村致富带头人创业质量，从而为后续培育工作提供改进思路。

总之，从政府完善立法、各方力量加大资金投入、完善保障机制方面解决问题，逐步形成以政府为主导，以企业、社会组织、高校、合作社及其他社会力量为补充的培训体系，完善乡村致富带头人创业能力培育工作的各个环节，满足乡村致富带头人多形式、多层次、经常性、广覆盖、制度化的培训需求，增强培训的效果，以点带面，充分发挥乡村致富带头人的辐射作用，促进农村农业经济发展。

第三节　明确目标，以“量质并举”为原则

乡村致富带头人创业能力建设是一项大工程，需要多方力量共同合作。我国各省市积极致力于乡村致富带头人创业能力建设工作，充分挖掘乡村致富带头人的潜力，发展他们的各项能力，为乡村振兴提供人才保障。在各地针对乡村致富带头人创业能力建设的项目逐渐增多，参与培训的人员规模日益扩大，但是乡村致富带头人创业的各项能力在实际运用过程中略显不足，带头示范作用欠缺，因此在乡村振兴战略实施过程中无法更好地发挥人才保障作用。

一、目标不明确，质量有待提高

（一）评价机制缺乏

目前，乡村致富带头人创业能力建设项目多数以基本能力的培育为主，而较少关注培训过后乡村致富带头人的实际应用能力，对于参与培训的乡村致富带头人创业能力提升缺乏质和量的评价，乡村致富带头人在参加完培训课程后鲜有考核，培训机构也缺乏专门的资金与人员用于培训后的考核评价。

（二）培训师资薄弱

乡村致富带头人创业能力建设项目的师资力量薄弱。首先，培训师资数量不足，一些培训机构只有组织人员，并无专任师资，需要从外部聘请讲师进行相关内容的讲授，且培训内容多偏向通用课程，对乡村致富带头人创业能力提升效果不明显。同时，外聘讲师经常只负责一两次课程的讲授，无法保障乡村致富带头人创业能力培养的层次性与连贯性。其次，外聘讲师的水平千差万别，有的外聘讲师是高校的老师，讲授专业知识方面有其优势，但是在实践方面经验不足，无法给予乡村致富带头人更实际、更有效的指导；而有的机构由于资金不足或其他原因，外聘讲师水平有限，不能很好地发现乡村致富带头人身上的闪光点并加以挖掘，对乡村致富带头人创业能力建设起不到实质性的作用。

（三）培训内容不实用

农业产业涉及的范围大，种类繁多，区域性较强，因此培训内容必须因地制宜地针对乡村致富带头人特点设计。乡村致富带头人关于创业发展有着不同的需求，有的需要学习经营管理能力，有的需要学习种植养殖技术等，培训机构大一统的培训方法，容易导致培训内容与乡村致富带头人创业中实际所需的培训能力脱节。

（四）实践环节欠缺

培训机构提供的培训内容以理论课程为主，以参观学习、实地考察等实践课程为补充。参观实践以参观农业示范基地、优秀农业合作社为主。有的乡村致富带头人对于讲授的理论知识不能充分理解，因此参与理论课程培训的积极性不高，而对参观实践的兴趣会高一点。由于培训机构培训经费有限，参观实践课程相对较少。同时，实践课程的组织不规范，容易导致某些致富带头人意识不到实践课程的重要性，对实践课程应付了事，缺乏对实训经验的总结，影响其实践能力的发展。乡村致富带头人在培训学习的过程中，学习了解了创业所需基本能力，但是在创业过程中，面对创业中的各种问题，仍缺乏足够的应对能力。

（五）跟踪服务脱节

在大多数乡村致富带头人创业能力建设项目中，培训导师在讲授完课程之后，与学员的交流沟通较少，学员一旦在实际操作中遇到困难，无法向导师寻求有效的指导。乡村致富带头人完成项目培训后，缺乏专业的指导人员针对产业发展的实际进行跟踪指导，乡村致富带头人在培训中学到的知识很难应用于实践，降低了培训的质量与有效性，失去了培训的意义。

二、解决措施

乡村振兴战略的实施，不仅需要大规模的乡村致富带头人提供力量，更需要高质量的乡村致富带头人发挥“领头雁”作用。乡村致富带头人创业能力建设需要从多个方面来实现，主要包括建立乡村致富带头人的选拔与评价考核机制、完善软硬件设施、拓展培训的内容与形式、提高培训导师能力水平等。

（一）完善选拔与评价考核机制，强调科学性和高效性

建立乡村致富带头人创业能力建设考核评价机制，检验乡村致富带头人参与培训效果，从交流活动次数、结对帮扶人数、辐射带动人数、产业带动效益等方面对乡村致富带头人创业能力建设进行考核。设置考核指标，从乡村致富带头人的创新创业意识、技能、管理方面，考察乡村致富带头人创新创业思维、基本能力素养、风险承担能力、把握机会能力、市场开拓能力、组织管理能力等，推动乡村致富带头人创业能力量和质的提高。对个别综合能力强、辐射作用大的乡村致富带头人予以表彰奖励，对综合能力提升缓慢且带头示范作用较长时间内都不明显的乡村致富带头人要适当终止项目扶持，及时选拔、补充新的优秀乡村致富带头人。同时，也要加强对培训讲师的考核，择优录用，培训讲师的能力水平对乡村致富带头人创业能力建设效果也会产生较大影响。

（二）完善培育软硬件设施，强调规范性与现代性

一是培育基地建设。结合不同乡村致富带头人的创业需求，以现代农业经营主体为依托，在产业链上开发建设农业科技园区、创业孵化基地、培训基地等教学基地，开展教学活动及实训实习。以规范化、标准化的基地，使乡村致富带头人融入农业产业生产，做到产业中育人，切实做到乡村致富带头人创业必备能力建设，将理论运用于农业产业发展实践，发挥好乡村致富带头人的带头示范、引领作用。二是现代网络平台应用。为适应现代农民移动网络学习的特点，积极普及云平台，开发手机软件应用。乡村致富带头人通过手机客户端随时点击教学视频进行学习，讲师也可以通过线上直播的形式进行微课程的教授与疑问的解答。与线下课程配套，开发线上教学资源，供乡村致富带头人远程学习，创建灵活的线上线下相结合的培训模式。三是适当编写培训教材。根据现代农业产业发展与地区发展现状，打破传统培训知识体系，结合生产过程与环节，建立模块化的知识结构，编写适合乡村致富带头人学习的通俗易懂的培训教材。可采用以问题为导向、以案例为依据、以知识链接为补充的形式来呈现实用知识，

有效激活乡村致富带头人的学习兴趣与培育活力。实现培训过程与生产过程的无缝对接，让乡村致富带头人真正掌握农业产业发展能力，提高乡村致富带头人自身优势。

（三）拓展能力训练内容与形式，强调实用性与发展性

乡村致富带头人创业能力建设的内容，要从推广农业产品发展与营销、发现农业产品电商的趋势与机遇、运用互联网+消费扶贫等方式，转向实用技术与理论知识相结合，注重培育乡村致富带头人创业经营能力，实现其创业整体能力提升。各个培育主体在培训开展前，应对乡村致富带头人的培训需求进行深入的评估，了解开展某项农业生产所需掌握的技能，致富带头人在创业过程中想要提高哪方面的实践能力，需要哪方面的能力学习。以此为基础，制订乡村致富带头人创业能力培育计划与方案，提高乡村致富带头人参与创业能力建设项目的积极性。同时，培训主体在了解培训需求的基础上，解决谁能培训、何时培训、如何开展培训等问题，强调培训内容的实用性，突出培训形式的灵活性，做到因人、因地、因时而异。在乡村致富带头人创业能力建设项目开发方面，要考虑各地实际发展情况，开发真正符合不同地域乡村致富带头人创业能力建设需要的项目。在培训课程设置方面，要考虑农业发展趋势，开设符合农业发展走向的前沿课程，与时俱进，提高乡村致富带头人适应市场变化、应对新挑战的能力。在培训内容筛选方面，应结合乡村致富带头人创业能力需求及市场需求，增强内容的针对性与实用性。在培训组织形式方面，将集中培育与分散培育相搭配，短期培训与后续追踪指导相结合，集中指导与个别指导相互补充。

总之，乡村振兴战略的稳步实施，离不开乡村致富带头人的支撑。而在“大众创业、万众创新”的背景下，乡村振兴事业的发展显然又找到了一条有益的途径，通过提升乡村致富带头人创业能力、素质，培养更多的创业力量，进一步激发乡村经济活力、社会活力，从而有效地推动乡村振兴。

第四节　提升价值，以“参与意愿”为参照

乡村致富带头人“参与意愿”可以从两个方面进行理解：一是参与非正式、非制度化的社会活动，通过参与活动过程，体现乡村致富带头人的社会价值；二是乡村致富带头人在创业过程中的看法或想法能产生较高的经济效益，从而提升其自我价值。乡村致富带头人在实践过程中，自身具有一定的社会价值和个人价值，但是整体价值感不高，参与意愿不强。

一、价值感不高，参与意愿不强

（一）缺乏带动农民致富的持久动力

正如上文所分析，乡村致富带头人作为农村农业发展的“领头雁”，应该有着强烈的带民致富使命感。然而，有些乡村致富带头人在创业困难和受挫折的双、重压力下，逐渐失去了对公益事业的热忱，只关注个人自身创业发展。更有少数乡村致富带头人，为了一己私欲，通过参与村干部竞选、“领头雁”项目的申请，利用干部身份或“领头雁”光环，获取惠农补贴、涉农工程项目，为个人牟取私利，体现了部分乡村致富带头人的使命感与责任感缺失。

（二）缺乏思想引领示范的有效方法

2014 年以来，共青团通过农村创业精英主题分享会、网络专题报告等形式，向普通农民分享乡村致富带头人的典型事迹和成功经验，取得了一些成效，但推广范围不大。从宣讲内容来看，分享内容以乡村致富带头人奋斗历程为主，较少对创业发展成功经验的提炼；宣传多为个人成功事迹的推介，忽视了对诚信意识、创业意识、品牌意识和质量意识的宣讲，对社会正能量方面的宣传尤显不足。

（三）缺乏农业科技示范的有效方法

我国乡村致富带头人以中青年群体为主，文化水平以小学和中学为主，对农业产业发展过程的理论水平有限，在面对新知识、新科技的运用方面，存在一定的困难。在农业科技传播过程中，乡村致富带

头人受自身知识局限，较少能用通俗易懂的方式向农民传播农业科学技术，无法辐射其他村民运用新型农业科学技术。另外，乡村致富带头人自身农业科技水平有限，且缺乏整合、动员高等农业院校和科研院所专家资源的能力，无法充分满足当地农民的科技服务及发展的需要。

二、解决措施

（一）政府层面

目前，政府为鼓励农民就业创业出台了很多优惠政策，2016 年，国家农业综合开发办公室印发《关于农业综合开发项目实行“先建后补”的意见》，以专业大户、家庭农场、农民合作组织、农村集体经济组织以及涉农企业等为扶持对象，创新资金投入方式，提高财政补助资金的使用效果。2020 年，农业农村部办公厅印发《关于应对新冠肺炎疫情影响扩大农村劳动力就业促进农民增收的通知》，从多个方面采取有力措施，为扩大农村劳动力就业提供空间和动力。相关部委针对当前农民发展现状，制定了一系列促进农民就业创业的支持性、鼓励性政策，各省市也出台了地方性的规定，但针对乡村致富带头人创业能力建设的优惠政策还较少，且政策宣传力度需要加强。在这种情况之下，政府应当充分考虑乡村致富带头人的实际情况，进一步理顺引导农业适度规模经营的土地流转机制，明确惠农补贴归属，落实惠农金融优惠政策，完善农业保险制度，提升新型农业经营主体抗风险能力。这些优惠措施，可以形成一个有利于乡村致富带头人的政策支持机制，同时也可以营造一个好的政策环境，有利于乡村致富带头人更好地提升自我价值，从而增强其参与意愿。

（二）社会层面

首先，社会需要创造一个有利于乡村致富带头人创业的环境，为乡村创业者创造一个有力的社会支持体系。在内容上，不仅涉及整个社会层面，还包括乡村创业者的家庭层面。对于家庭来说，家庭成员在面对创业者时，需要摆正自己的态度，提高自己的认识，为创业者的创业活动提供坚实的支持。其次，充分发挥各类社会组织的力量，联合相关组织的资源，大力支持乡村创业。具体来看，工会、青年志愿者协会以及妇联等，都可以为乡村致富带头人创业提供培训、信息服务等，弥补乡村致富带头人创业能力不足。最后，充分发挥已成功创业致富的企业家力量，为乡村致富带头人创业树立良好的榜样，激发乡村致富带头人的创业意识和激情。这正印证了美国心理学家班杜拉的观点：学习者倾向于选择模仿与自己在性别、年龄、生活经历、家庭背景等方面类似的榜样。用榜样的力量推动乡村致富带头人的发展。政府通过网络报道、创业主题宣讲会、乡村致富带头人经验分享等，宣传乡村致富带头人的优秀事迹和品质，有利于乡村致富带头人更好地提升自我价值，从而增强其社会参与意愿。

（三）个人层面

首先，乡村致富带头人需要在个人能力提升上下功夫，突破社会所给予的角色限定，实现自我价值的提升。在心理上，要破除农村发展没前途的意识，摒弃创业恐惧心理；在实践中，积极学习成功案例，增强自身创业能力。其次，要充分认识到自身创业中的优势，并利用自身优势实现人生价值。最后，要充分认识到自身在农业农村发展中的作用，为村民提供农业技术支持及实时的市场信息，向村民宣传致富门路，帮助村民拓展农产品销路，拓宽增收渠道，帮助改善当地农业基础设施，为村民提供就业岗位。面对自身能力不足的情况，乡村致富带头人可以通过参与创业培训、咨询、与同行交流学习等发展自己。这些都有利于乡村致富带头人更好地提升自我价值，从而增强其社会参与意愿。

总之，乡村致富带头人作为农村农业经济发展的引领者，在农村社会与农村经济的发展中，发挥着极其重要的作用。宏观层面，乡村致富带头人作为农村经济发展的激活点，可以有效调动周围农民参与农业发展的积极性，其带动示范作用促进了农业科学技术的推广应用，推动了农村科技进步与发展。微观层面，乡村致富带头人的发展，有利于促进农村产业结构调整，加快农村产业化和社会化的进程，推动农业经济增长方式转变，为农民素质的提高以及农民收入的增加提供了内在动力。所以，以乡村致富带头人“参与意愿”为参照，提升其价值是非常有必要的。

第五节　建构路径，以“特殊需求”为核心

乡村致富带头人普遍具备较强的社交能力，在扩大生产规模、申请项目审批、升级技术设备以及引入人力资源的过程之中，既与政府部门建立了良好的沟通，又与民众保持着紧密的联系，因此能够成为有效联结、促进各方互信合作的关键中介。根据乡村致富带头人在农村发展中的特殊地位，需要以他们的“特殊需求”为核心，建构乡村致富带头人创业能力建设的路径，才能更好地发挥乡村致富带头人“领头雁”的作用。建构乡村致富带头人创业能力建设的路径，成为乡村致富带头人创业能力建设中不可分割的部分。但当前乡村致富带头人创业能力建设过程中缺乏有效路径，“特殊需求”无法满足。

一、路径缺乏，“特殊需求”无法满足

（一）资金、技术、土地缺乏

资金、技术、土地等物化资本是制约乡村致富带头人创业能力建设的主要因素。农业产业化、规模化经营，不仅是乡村致富带头人个人致富的标志，也是他们带领其他农村劳动力致富的保证。而要推动农业产业化、规模化经营，就需要土地、技术的支撑，而这些又都需要资金的支持。

资金短缺成为横亘在乡村致富带头人面前最大的“拦路虎”；小额贷款存在着贷款金额不高、利率优惠幅度较低等问题，很大程度上限制了乡村致富带头人能力建设特殊需求的满足。

（二）人脉资源缺乏，受教育程度不高

人脉资源仅次于资金，成为限制乡村致富带头人能力建设的第二大因素。人脉资源对于乡村致富带头人而言，其意义可见一斑。尤其对于长期生活在农村、信息资源相对缺乏的乡村致富带头人而言，充裕的社会资本是创业机会和市场信息的重要来源，也是其扩大投资规模等重大决策信息的参考来源。因此，人脉资源作为乡村致富带头人

创业能力建设的特殊需求要给予重视。

乡村致富带头人受教育程度普遍不高，人力资本欠缺，发展后劲不足，这些都是制约他们创业发展壮大的因素。当今的农业生产已不再是“脸朝黄土背朝天”的传统耕作方式，而是已进入依靠技术和管理的“知识经济”发展阶段。因此，乡村致富带头人拥有较高的文化素质和丰富的生产经营技能，有利于他们在初创成功后对农村原有的生产要素和生产经营形式进行调整，从而赢得更多的发展机会。在个案访谈中，多数乡村致富带头人深感自身知识不够，很多时候只能在摸索中前进，交了不少“学费”，走了很多弯路，这些均导致他们对知识有着特殊需求。

（三）政策整合性滞后，扶持优势不明显

在乡村致富带头人创业能力建设过程中，相关职能部门出台了一些扶持优惠政策，但总体上针对乡村致富带头人的政策措施尚缺乏针对性，整合性滞后，乡村致富带头人创业环境有待进一步完善。

政策过于宏观，针对性弱。乡村致富带头人和普通农村创业者在政策享受上没有太大区别，扶持的力度不大，优势不明显。具体体现有：乡村致富带头人推优选才机制上，操作方式不够细化；信贷扶持上，优惠力度不大；技能培训上，针对性不强；创业指导上，实效性不到位。

政策的宣传力度不够，政策对接不及时。一方面，有些职能部门掌握大量的政策资源、扶持经费和培训师资，却缺乏有效的政策宣传和培训渠道，导致资源浪费，有力无处使；另一方面，乡村致富带头人因为对政策不敏锐、市场信息闭塞与延迟，无法得到及时有效的信息、项目、技术、资金支持，虽然踌躇满志，却无用武之地。事实上，扶持政策对乡村致富带头人而言也属于特殊需求，但以现状来看，这一需求没有得到满足。

二、解决措施

（一）建构资金帮扶的路径

加强资金扶持，要联合金融机构制定、整合乡村致富带头人创业金融优惠政策，推出更能满足乡村致富带头人创业所需的融资业务。从涉农金融机构入手，例如农业银行、邮政储蓄银行、农村合作金融机构等，进一步扩大涉农业务范围，扩大受益群体，大力发展农村小额信贷，在贷款程序、金额、担保、利率等方面，给予更加优惠、便捷、高效的服务。充分发挥财政资金的引领、支持作用，设立乡村致富带头人发展专项基金，实行专款专用，为乡村致富带头人提供贴息补助，为金融机构提供信贷风险补偿。

（二）建构同业交流的路径

相关职能部门应加强乡村致富带头人服务体系建设，为其创造同业交流机会，加强彼此间的互助合作，形成农业产业集群效应，提升乡村致富带头人的带动能力和水平。形成在农村公共设施、科技创新与应用、产品质量安全、市场营销服务等方面全方位的服务体系，支持乡村致富带头人向规模化、集约化、产业化以及生产标准化、管理制度化、服务系统化、经济效益化方向发展，增强市场竞争能力和实力。如积极组织乡村致富带头人参加各级各类的创业知识讲座、创业经验交流会、创业项目展示会、商贸洽谈会等活动，对乡村致富带头人创业提供产业链接、产品对接、信息对接、经验对接等服务；进一步组建或壮大讲师服务团，对乡村致富带头人创业项目选择、管理体制、融资策略、资产结构、技术信息和人才用工等经营实体内部环节予以全面指导策划。通过以上服务体系建设，可以让乡村致富带头人在参与的过程中获取所需的人脉资源。

（三）建构创业培训的路径

求富、寻发展是当下乡村致富带头人的最大渴求，乡村致富带头人要增强自身参与发展的积极性，主动参与到以提升创业能力为目的的培训活动中，开展自主学习、实地参观和考察、咨询不同农业专家，提升自身整合和利用各项资源的能力。针对这一特殊需求，在社会关注、职责所在、能力所为的结合点上，寻求工作的突破口和生长点，多角度、多层次地加大对乡村致富带头人创业能力建设的扶持力度。按照“政府推动、农业部牵头、专业教育机构承接、部门监管、农民受益”的培训模式，以市场需求为导向，加大对乡村致富带头人创业能力建设培训，帮助乡村致富带头人逐步从经验型人才转向知识型、技术型人才，不断提高乡村致富带头人的内在素养以及致富能力，从而发挥乡村致富带头人的辐射作用，引领农民群体走向共同富裕。

根据实际情况，有针对性地开展农业技能培训和科技服务。一是根据乡村致富带头人的特殊需求，采取多种形式，开办各种类型的专业培训班，开展业务必备技能和相关知识的系统培训，增加创业能力，促进乡村致富带头人创业规模做大做强。二是有关部门应加强与乡村致富带头人多方面的联系，为其提供多方面的服务，帮助协调解决乡村致富带头人在生产经营、农业发展中遇到的困难与问题。尤其要把信息送到乡村致富带头人手中，积极为他们做好技术服务。三是帮助乡村致富带头人组建合作经济组织和专业协会，用市场机制的办法组合优秀人才，加强带头人相互之间的联系，通过合作增强实力，通过联合提升竞争力，通过协会的作用"造舰出海"，提高乡村致富带头人的带动作用。

（四）建构教育指导的路径

提高乡村致富带头人的自身素质以及增强其个人形象，在乡村致富带头人创业发展过程中也是非常重要的。在激烈的市场竞争中，乡村致富带头人要赢得更大的发展空间，发挥更大的带动作用，必须练好内功、提高自身素质。一是注重诚信守法，依法经营。农业产业发展既要按市场经济规律办事，在生产经营上以效益最大化为原则，又要遵纪守法，诚实守信，以质量取胜，以信誉服人，文明经营，公平竞争。二是注重双赢。既要自己致富，又要兼顾农民的利益，富了不忘乡邻，不忘乐善好施、扶危济困。三是注重精神文明。既要在发家致富上带头，又要在遵守社会公德、家庭美德、职业道德上做表率，在社会上树立好的形象，赢得社会的认同、群众的拥戴。四是注重再教育。乡村致富带头人学历普遍不是很高，在他们需要的时候可以提供相应的教育资源，让他们更好地充实自己、完善自己，从而获得更大的创业发展空间。

（五）建构政策扶持的路径

各级政府应将乡村致富带头人队伍发展纳入人才队伍开发体系，

将乡村致富带头人作为人才队伍建设的重要环节，对乡村致富带头人的发展统一规划、统筹推进；建立由党委组织部主导，农业部门牵头，人社部门、科技部门、农业银行、邮储银行等相关职能部门共同参与的联席会议制度，同时增强与职能部门的协作意识，推动各职能部门形成合力，共同推动乡村致富带头人的发展，确保乡村致富带头人创业能力建设计划稳步推进。

积极整合资源，完善乡村致富带头人能力建设的扶持政策。一是要尽快出台、完善乡村致富带头人创业能力建设的一系列扶持政策。从发展规划、培育模式的设计与选择、社会服务机制的建立上，为乡村致富带头人发展提供全方位的有法律效力的政策支持。二是在乡村致富带头人创业能力建设计划阶段，要注意政策资源的对接，采取多种措施，用好、用足、用活相关政策资源。如专门制定出台一批富有针对性的扶持乡村致富带头人创业发展的政策措施，并编印发放“政策指导手册”。同时，结合各地乡村致富带头人发展实际情况，在微观层面上形成更有力的具体政策和配套措施，如针对在农村经济社会发展中做出重大贡献、取得突出成绩的乡村致富带头人，给予特别的政策优先和倾斜：在农村金融服务上重点倾斜，在支农惠农政策上重点配套，在政治上给予荣誉，在经济上给予奖励，在学习培训上创造条件，为乡村致富带头人创业能力建设计划的开展，提供相适应的、可持续的政策保障。这些政策保障有利于满足乡村致富带头人的“特殊需求”。

（六）建构技术支持的路径

乡村致富带头人创业能力建设，需要建立健全长效运行机制，为推动人才建设的长远发展奠定基础。一是建立针对乡村致富带头人的人才数据库，灵活设置人才的进出机制。充分运用现代信息技术和网络平台，把每年选拔出来的乡村致富带头人资料建档入库，对每位乡村致富带头人的培养工作计划和进展情况记录在案，实时进行更新完善，使这一动态人才资源数据库成为信息翔实、内容真实的乡村致富带头人管理重要成果。二是要加强分类引导，注重梯次发展。帮助不同农业发展类型的乡村致富带头人制订个性化的发展计划，从个体实际出发，找准农业产业发展的路子，培养一批现代化的农村实用技术人才、农业经营管理人才、科技人才、营销人才，为农业发展奠定人才基础。三是借助 QQ 群、微信群等，实现多种信息资源共用共享。通过微博、博客等新媒体，加强与客户之间的互动交流，及时了解客户的需求和反馈，从而实现多媒体技术的支撑作用。

2018 年 6 月，习近平总书记考察山东时强调：乡村振兴，人才是关键。要积极培养本土人才，鼓励外出能人返乡创业，鼓励大学生村官扎根基层，为乡村振兴提供人才保障。乡村致富带头人是农村经济发展、农业振兴的重要力量之一，同时也是新型农业经营主体的主力军，是农村人才库中的新鲜血液。关注乡村致富带头人的发展动态，提出相应的政策指导，可以更好地发挥该类群体的智慧与带动效能。所以，以乡村致富带头人的“特殊需求”为核心，建构乡村致富带头人创业能力建设的路径是非常重要的。

参考文献

陈玉梅，2011. 农村致富带头人必读——带头致富成功篇［M］. 海口：南海出版公司.

顾永红，2021. 乡村致富带头人创业能力建设研究［M］. 武汉：华中科技大学出版社.

黄志坚，2017. 农村致富带头人成长的因素和作用分析［M］. 南昌：江西高校出版社.

姜文虎，于树胜，2009. 农村企业致富经［M］. 石家庄：河北人民出版社.

汤志华，吴国富，郑志文，2011. 从致富的带头人到建设的领航人——社会主义核心价值体系与农村基层党组织建设［M］. 桂林：广西师范大学出版社.

田利军，2011. 农村致富带头人必读——当好小老板［M］. 海口：南海出版公司.

叶扬兵，2010. 当代农村变迁中的标兵与典型［M］. 镇江：江苏大学出版社.

祝维亮，2020. 农村电商致富模式研究［M］. 北京：中华工商联合出版社.